未来IT図解

Illustrate the future of "IT"

これからの DX デジタルトランスフォーメーション

内山悟志／著

エムディエヌコーポレーション

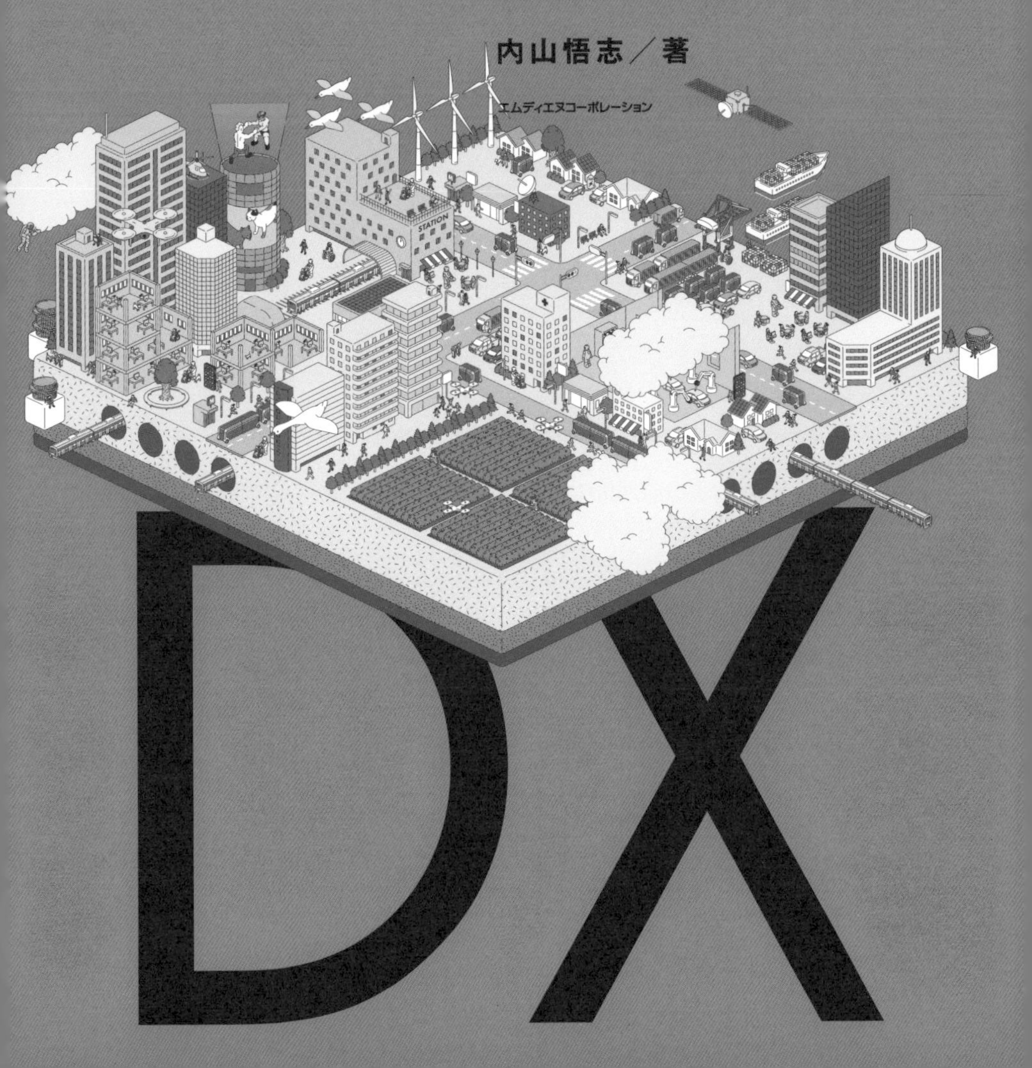

はじめに

デジタル時代の到来と、デジタルトランスフォーメーション（DX）に向けた企業の対応の重要性は以前から指摘されていましたが、「我々の業界はデジタルには縁遠い」「これまでも成功してきたので、まだ大丈夫」という姿勢の企業も少なくありませんでした。2018年8月に経済産業省が「DXレポート ～ITシステム『2025年の崖』克服とDXの本格的な展開～」を発表したことで、多くの企業の経営者が危機感を強め、取組みが本格化したといえます。

しかし、DXへの取組みにおいて、日本は他の国・地域から水をあけられているといわざるを得ません。米国ではITやインターネットの活用を前提として起業したデジタルネイティブ企業が、これまでと異なるビジネスモデルで新しい競争原理をつくりだしています。また、デジタル化と経済成長が同時進行している中国やアジア諸国などは、デジタルを前提として社会システムが成り立っているといっても過言ではありません。しかし、日本の企業は昭和の高度成長期の常識や資産を捨て去ったり、大きく転換したりすることなく平成の30年間を過ごしてしまったために、大きな荷物を背負ったままで、俊敏性が求められるデジタルの世界で戦っていかなければなりません。

現在では、多くの企業がDXに取り組んでいますが、順風満帆に進んでいるとはいい難い状況です。デジタルの波は止まることなく、今後もますます強く押し寄せてくることは確実です。今後は業種、企業規模の大小、企業内の職種、役職を問わず、すべての人がDXを自分事として向き合わなければなりません。

筆者は、アナリストとして国内外の取組みを調査分析し、コンサルティングの現場では、数々の失敗や停滞に直面しながらDXの推進を支援してきました。本書によって、すべてのビジネスパーソンがDXの本質を理解し、変革に向けて着実に歩を進めるための水先案内ができれば幸いです。

内山悟志

社長、DX戦略を そろそろ始めませんか？

これはとある企業の議事録。
新型コロナウイルスの影響もあり、社長直轄の管理部門以外は
テレワークを実施している中、
意を決した管理部長と部下が社長室へ直談判にやってきました。

管理部長：社長、今回のことで在宅勤務の体制をとりましたが、わが社もそろそろDXを本格的に推し進めたいと考えます。日ごろから社長は「時代の半歩先をいく、新しいことをやりなさい」とおっしゃっています。つきましては、まず私たちがDX戦略を策定してもよろしいでしょうか？

社長：も、もちろんだ！　わが社でもDXに関して何かやらなければならない……ところで、そのDXとは何だ？　横文字ではよくわからんのだ。

部下社員：……お答えします。つまり「データとデジタル技術を活用して、商品やサービス、ビジネスモデルや企業そのものまでを変革すること」です。

社長：それは「IT化」とどう違うんだ？　電子決済は導入したし、ハンコもデジタル化したじゃないか。

管理部長：はい。それだけでなく、わが社の「業界における競争上の優位性」を確立し、それを維持していく必要があると考えます。

社長：……言いたいことは、なんとなくわかる。それで、何をするんだ？

管理部長：はい。取り組むべきことは下の２つです。具体案はわれわれがまとめます。では……

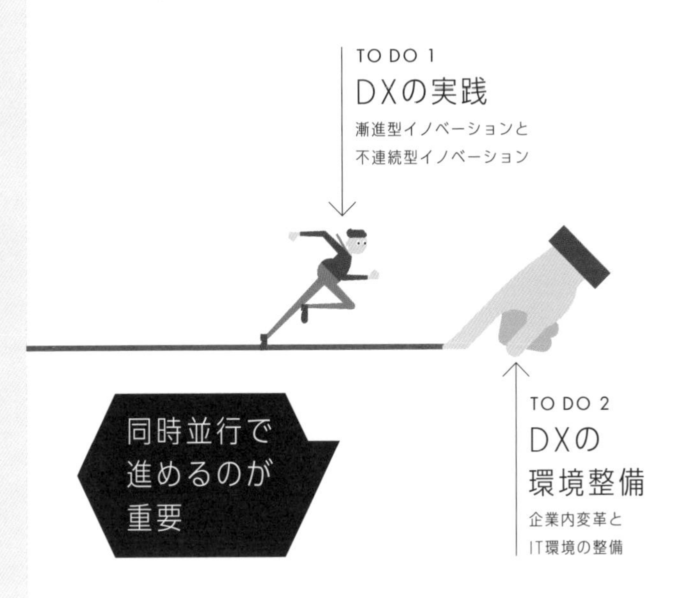

社長：お、待て待て。それで、私は何をすればいい？
部下社員：僭越ながら、社長にはまずDXをご理解いただきたく思います。
社長：……言うなあ、キミ。では、私も勉強しよう。あとは任せるぞ。
部下社員：ありがとうございます。では、本書をお読みください。次回からはテレビ会議で報告します。
社長：わかった、わかった。

DXで会社を変え、思考を変え 社会の変化に対応しよう!

DX推進部門をつくる!

DXを推進する部門の設置の仕方を考えましょう。今あるIT部門にDX推進チームをつくって事業部門との連携を深める、事業部門にDX推進チームをつくってIT部門との連携をはかるなど、さまざまなやり方があります。

社内規定や制度を整備する!

DXをよりスムーズに推進していくためには、部門を設置するだけではいけません。「新制度の設置」「既存制度の緩和」の2つの柱で継続的に見直し、柔軟に運営しましょう。

「人間がやるのが当たり前」を見直す!

たとえば「人材の配置」は経験や直感にもとづいて人間が決めるより、AIに判断させられないでしょうか？　属人的な業務は見直しが必要です。

DXの推進にあたり、
あなたの会社に、あなた自身には何が必要でしょうか？
そして、新しい社会に向けて必要な準備とは何でしょうか？

既存事業を破壊する事業も創出する！

業界上位企業の根幹をなす事業ですら、優位性は保証されません。場合によっては、自社の既存事業を破壊するような新規事業を創出しなければなりません。

すべてがデータでつながる時代を生き抜く！

今や、あらゆる情報がデジタルデータとなって分析や予測に活用され、現実社会にフィードバックされています。モノやサービスを通して、生活者や社会・地球にどう還元するかが問われています。

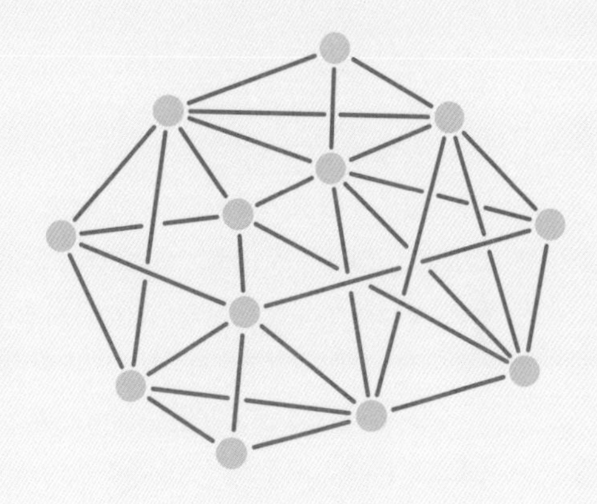

デジタルを前提とした社会をイメージする！

物理から仮想へ、所有から共有へ、消費から循環・再生へとシフトし、生産者と消費者の区分も不明瞭に。デジタルを前提とした社会システムや経済活動への対応が求められます。

CONTENTS

目次

PART 1
そもそもDX(デジタルトランスフォーメーション)とは?

PART 2
DXの実践に向けた取組みとは?

CONTENTS

CONTENTS

PART3
DXで求められる企業内変革とは?

PART4
DXをどのように進めるか?

PART5 DXで変わる これからの社会・企業・ビジネスとは?

PART 1

そもそもDX(デジタルトランスフォーメーション)とは?

SECTION 01:

今、デジタル化する社会で何が起きているのか?

昨今、「デジタル化社会」や「デジタル時代の到来」と
いった言葉をよく耳にします。
それらはいったい、どのような現象を
表しているのでしょうか。

◆大きなパラダイムシフトの序章

私たちは今、大きなパラダイムシフトの渦中にいて、それを第4次産業革命と表現する人もいます。確かに巷では、人工知能(AI)やロボット技術、仮想通貨など、これまであまり耳にしなかった言葉が飛び交っています。また、デジタルデバイスが、パソコンからスマートデバイスへと移り、IoT(Internet Of Things)技術により機器などのモノがインターネットに接続されることで、さまざまなモノ・コトをデジタルデータに変換して表現・伝達することが可能となっています。

こうした物理的なモノや技術の普及や進展もさることながら、それにともなうビジネスや暮らしの変化はさらに速いスピードで進んでいます。店舗に行かずにインターネットで買い物をする、辞書を引かずにスマートフォンで検索するといった行動の変化は、知らず知らずのうちに浸透しています。さらに、InstagramやYouTubeに上がった情報やコンテンツは一瞬にして世界中を駆けめぐります。

スマートフォンなどの物理的なモノの普及が基盤となって、その上で新しいビジネスやサービスが迅速に展開でき、さらにそれらを使った体験がまたたく間に共有され、伝わっていきます。

◆デジタルがつくりだす仮想の世界

もう1つの大きな変化は、仮想的な体験や価値という新しい概念が出てきたことです。たとえば、これまで飛行機や自動車に乗った体験は、体験したことがある人しか伝えることができませんでした。経済的な価値も、お金という物理的な

モノで計られ、交換されるのが当たり前でした。しかし、デジタル技術がつくりだす仮想空間がこれを変えようとしています。すでに仮想空間で会議をしたり、教育を受けたりすることが可能になっていますし、仮想通貨で支払うこともできます。物理的な世界に加えて、仮想の世界でも仕事や遊びが体験できるようになっているのです。今後はさらに観光や受診など、あらゆる場面に広がっていきます。

仮想の世界で人と人がつながるという体験も、SNSの普及で広がってきました。何年も会っていない友人や会ったこともない海外の人まで、どんな暮らしをしているのかを垣間見ることができます。また、こうした人と人との仮想的なつながりを活用して、企業のマーケティングや顧客との接点のつくり方も変わってきています。

[01] デジタル化される社会

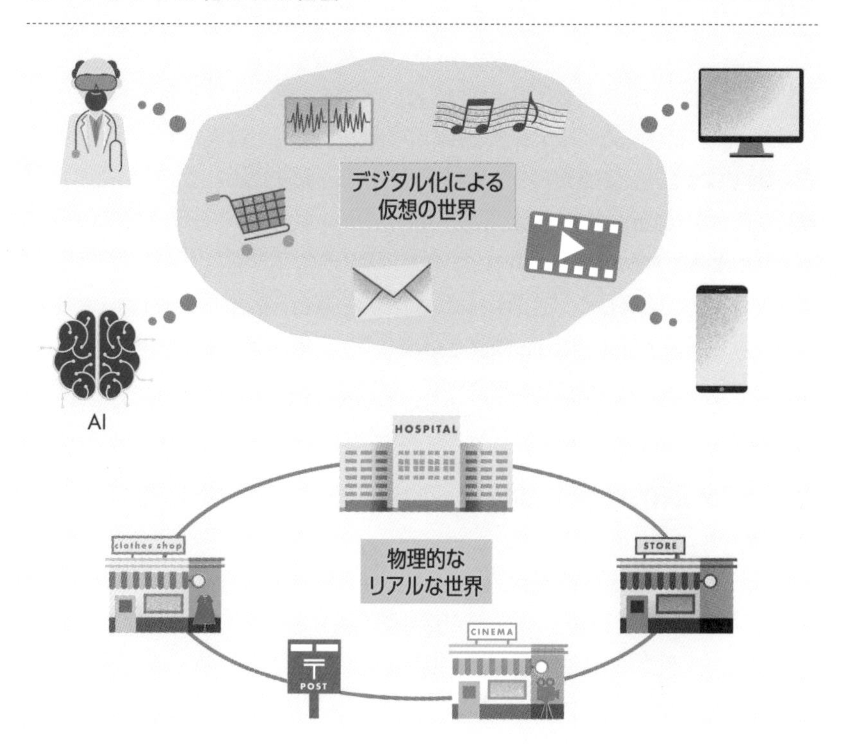

SECTION 02:

DXの定義とは？　経済産業省のDX推進ガイドライン

社会・経済・産業構造など、企業を取り巻くあらゆる環境が
デジタル化しつつある中、それに対応するために、
多くの企業がデジタルトランスフォーメーション（DX）を推進し始めています。
そもそもDXとは、どのようなものなのでしょうか。

◆DXとは何か？

最初にデジタルトランスフォーメーション（Digital Transformation、DX）の概念を提唱したのは、スウェーデンのウメオ大学のエリック・ストルターマン教授といわれています。2004年に彼が示した定義によると、DXとは「ITの浸透が、人々の生活をあらゆる面でよりよい方向に変化させる」ことを意味します。

しかし、この定義は非常に抽象的であり、世の中全般の大きな動きを示してはいるものの、具体的に何をすることなのかを理解することは困難です。世の中全般の動向ではなく、企業が取り組むべきDXをより的確に表しているものとして、経済産業省が2018年12月に発表した「DX推進ガイドライン」があります。

それによるとDXとは、「企業がビジネス環境の激しい変化に対応し、データとデジタル技術を活用して、顧客や社会のニーズを基に、製品やサービス、ビジネスモデルを変革するとともに、業務そのものや、組織、プロセス、企業文化・風土を変革し、競争上の優位性を確立すること」とされています。

◆デジタル化社会に対応して企業が丸ごと変わること

経済産業省の定義によると「データとデジタル技術を活用して」となっており、それらはあくまでも手段として位置づけられています。すなわち単に、AIやIoTなどのデジタル技術（Digital）を活用することが目的ではないということです。それによって「製品・サービスやビジネスモデル」にとどまらず、「業務そのものや、組織、プロセス、企業文化・風土」までも変革するとしており、変革

(Transformation)の対象は、組織や企業文化などを含む多岐にわたるもので、企業そのものを大きく転換させる非常に広範な概念であるといえます。そして、「競争上の優位性を確立すること」が目的として示されていますが、いったん優位性を確立したらそれで終わりというものではありません。

社会・経済・産業構造など企業を取り巻くあらゆる環境がデジタル化し、変化し続ける中、競争上の優位性を維持できるよう、継続的に変革し続けなければなりません。言い換えれば、デジタル化社会に対応して、企業が丸ごと生まれ変わることを意味するといっても過言ではないのです。

[02] DXとは何か?

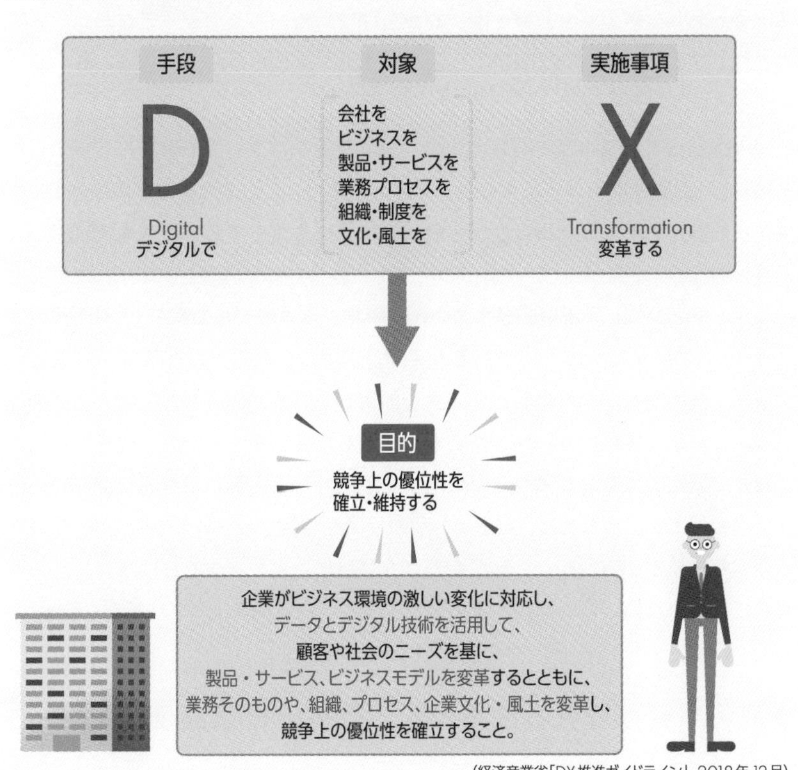

(経済産業省「DX推進ガイドライン」、2018年12月)

SECTION 03:

DXは2つの要素から成り立っている

DXへの取組みは大きく2つに分けられます。
1つは具体的なDXに関わる活動、
もう1つはDXを推進するための環境整備と
それに向けた企業内改革の推進です。

◆DXは「実践」と「環境整備」を並行して進めることが重要

DXは、「DXの実践」と「DXの環境整備」の2つから構成されます。これらは不可分であり、歩調を合わせて進めなければならないものです。すなわち、具体的なDXの推進を実行しながら、並行して企業内改革を含む環境整備も推し進めていく必要があります。

国内企業によく見られる現象として、環境整備や企業内改革をおろそかにしたままDXの活動を進めようとするケースがあります。こうした場合、実際のDXを推進する過程で不備な環境に妨げられ、頻繁につまずくこととなります。

具体的なDXの実践には、「業務の高度化や顧客への新規価値の創出」(漸進型イノベーション)と「新規ビジネスの創出やビジネスモデルの変革」(不連続型イノベーション)の2つのタイプがあります。前者は、おもに既存事業を対象とし、デジタル技術やデジタル化したデータを活用して、業務のあり方を大きく変革したり、これまで実現できなかったことを実現したりします。一方、後者は自社がこれまで展開してこなかった分野の事業を創造したり、新しい市場を切り開いたりするものです。両者では、推進のアプローチや目指すゴールが異なります。DXに関する議論がかみ合わない状況をたびたび目にしますが、それは両者の違いを明確にしていないことが原因であることが多いと考えられます。

◆変化し続けられる企業となるための環境整備

一方、DXを推進するための環境整備には、意識・制度・権限・プロセス・組織・人材を整備・変革する「企業内変革」と、既存IT環境とITプロセスの見直し・シンプル化・再構築を行う「IT環境の再整備」の2つが含まれます。前者は、デジタル時代に対応できるように多岐にわたる企業内部の変革を推進することを意味します。後者は、経済産業省が「DXレポート」で指摘した「2025年の崖」に対処するために、老朽化した社内システムを刷新したり、迅速なシステム化を実現するために開発や運用のプロセスを見直したりすることを指します。

DXへの取組みは、よくトリップでもトラベルでもなく「デジタルジャーニー」と表現されるように企業にとって長い旅路となります。長い旅路に出発するためには、まず目的地を定め、目標としての旅程と経路に対する方針を立てなければなりません。つまり、DXの全体像を理解し、向かうべき方向について経営者やDX推進者だけでなく、全従業員が認識を共有することが求められます。

[03] DXの全体像

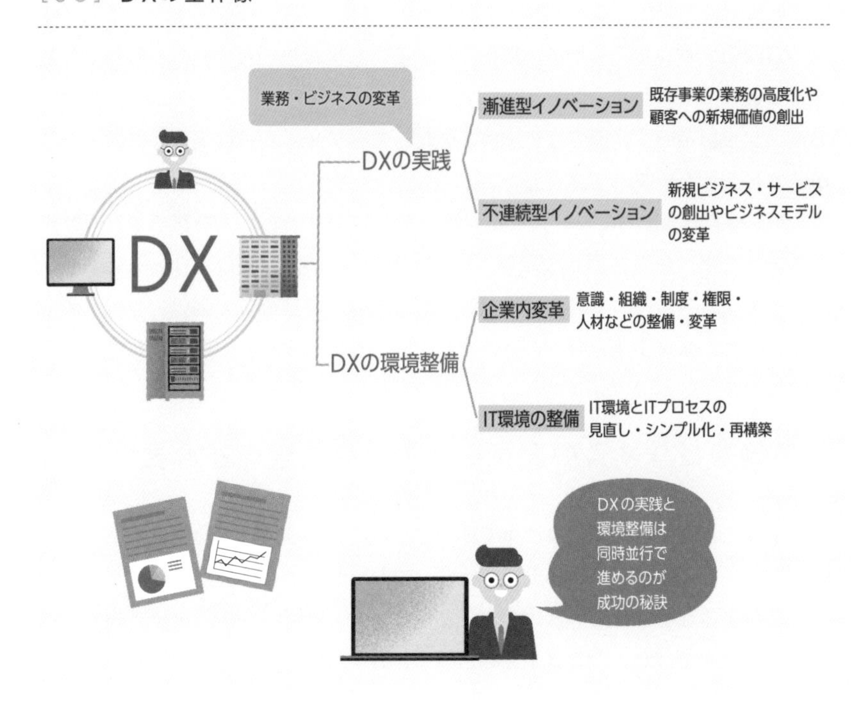

SECTION 04:

これまでのIT活用との違いは？

企業はこれまでもパソコンなどのITを活用してきました。
また、デジタル化された情報を伝達・共有・意思決定などに活用してきました。
それでは、従来のIT活用とDXには
どのような違いがあるのでしょうか。

◆DXは破壊・変革・創造を伴う

これまでの情報化（いわゆるコンピュータライゼーション）とDXの最大の違いとは何でしょうか。それは業務やビジネスに対する代替・改善・拡張にとどまるものであるか、破壊・変革・創造を伴うものであるかという点です。

これまでの情報化では、社内に目を向けると「業務の効率化」を目的として、作業の自動化・省力化、管理の計数化・見える化、情報の伝達・共有・再利用などを推し進めてきました。顧客や取引先といった社外に対しても「ビジネスの対応力向上」を目指して、顧客との関係の強化、販売チャネルの拡張、品質や納期の改善などが取り組まれてきました。

一方、DXでは社内においても「業務の変革」を目指して、業務そのものの自動化・不要化、意思決定方法の変革、指揮命令・組織運営の改革などを実現しようとします。さらに、対外的な取組みとして新規の顧客価値の創出、ビジネスモデルの転換、新規事業分野への進出など「ビジネスの変革」が期待されています。

◆業務やビジネスの変革には新たな着眼点が必要

企業はこれまでも情報化を進めてきており、ITをさまざまな局面で活用しています。しかし、単なる業務の効率化や部分的な自動化では、業務やビジネスを大きく変革することは難しいといわざるを得ません。つまり、現状の延長線上にあるような発想ではなく、これまでの常識を打破するような斬新な発想が必要となります。

これまでの業務改善のための情報化やIT活用の際には、業務部門へのヒアリングで課題や業務要件を引き出すことが一般的に行われてきました。しかし、DXではこの手法が通用しない場合があります。たとえば、AIの適用分野を探そうと社内をヒアリングして回ったが、そもそも業務部門のメンバーが「AIで何ができるか」を知らないため、ニーズが出てこないといったことが起こります。

また、業務部門のメンバーは、現在の仕事や業務プロセスに慣れ親しんでいて、「本来の目的は何か」、「本当に合理的なプロセスなのか」といった疑問を持たずに遂行していることがあります。デジタル技術を活用した抜本的な業務改革を発想するためには、ゼロベースで適用の可能性を探ることが求められるのです。

[04] これまでのIT活用とDXの違い

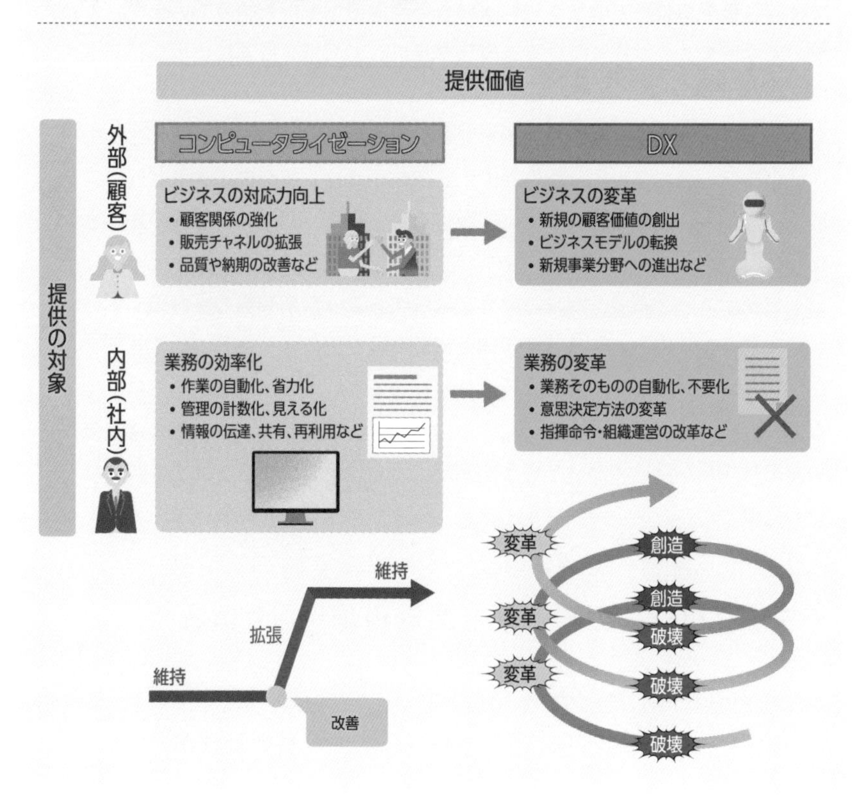

SECTION 05:

なぜ今、DXが注目されているのか？

なぜ今、DXが注目されているのでしょうか。
背景にあるのは、
これまでの常識が通用しないほどのビジネス環境の変化、
そして企業の変革を後押しするテクノロジーの進化です。

◆今、企業にはデジタル化する社会への対応が求められている

デジタル化によって時間的・物理的な限界が取り払われるなか、企業はこれまでと同じ事業や戦略では生き残れないという危機感を持ち始めています。これまでのようにモノをつくって売る、役務を提供して対価を得るといったビジネスではなく、別の方法で価値や体験を届ける方法が模索されてきているのです。飛脚や駕籠（かご）かきが鉄道や自動車に仕事を奪われたように、これまでと同じことをしていたのでは、デジタル化した世界で生き残れません。デジタル化の進展によって、地域や国境を超えた競争はますます激化しています。顧客の価値観の変化と多様化も進んでいます。さらに、ディスラプター（破壊者、P.24参照）と呼ばれる新しいビジネスモデルで、既存の業界を破壊するような新興勢力も台頭しています。

不確実性の時代といわれる今日は、成功体験や先行事例に基づいて立案した戦略や、過去に生み出された競争優位性が何年にもわたって機能する時代ではなくなっているのです。少子高齢化による国内市場の飽和感、これまでの延長線上の戦略では成長が見込めないという閉塞感、さらにはこのままでは生き残れないという危機感から、何らかのブレイクスルーを求める機運が高まっています。

◆テクノロジーの進化が変革を後押ししている

一方、IoT技術の進展やスマートデバイスの浸透といったテクノロジーの進化が、ビジネスの最前線でITやデジタル技術を活用する可能性を飛躍的に拡大しつつあります。また、クラウドサービスの浸透は、企業がITやデジタル技術の導入

を推進する際のハードルを下げることに大きく寄与しています。以前であれば、新規事業を起ち上げるにあたっては、システム構築や技術導入に何年も費やしたり、何千万円、何億円といった投資を必要としたりしていました。

しかし、今ではクラウドサービスなどの仮想空間で試作品をつくったり、インターネット上でテストマーケティングを行ったりといったことが、非常に短い期間で大きなコストをかけずにできるようになっています。

こうした背景から、ITやデジタル技術を活用して本業分野におけるイノベーションや新規事業分野の開拓を実現することへの期待が高まっています。企業は、既存ビジネスの効率化や対応力向上のためだけでなく、ビジネスモデルの転換、新規ビジネスの創出、業界構造の変革といった分野にデジタル技術の活用の可能性を見出そうとしています。

[05] なぜ今、DXが求められるのか?

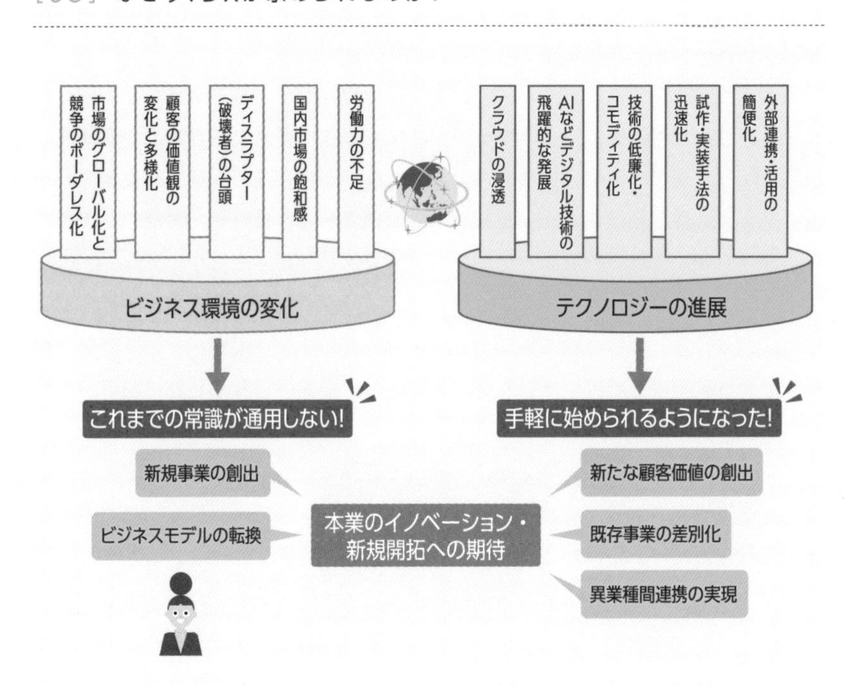

SECTION 06:

台頭する「ディスラプター」の正体

今、さまざまな業界で
「ディスラプター（破壊者）」と呼ばれる新勢力が台頭しています。
企業の「これまでと同じ事業や戦略では生き残れない」という危機感の背景には、
このディスラプターの脅威があります。

◆ディスラプターが企業の優位性を揺るがす

米国のアナリストであるジェイムズ・マキヴェイ氏は、著書『DIGITAL DISRUPTION（デジタル・ディスラプション）―― 破壊的イノベーションの次世代戦略』（実業之日本社）の中で、デジタルディスラプターはあらゆるところから現れ、デジタルツールやデジタルプラットフォームを活用して顧客を奪い、業界にイノベーションを起こすと述べています。

ディスラプターの中でもとくにデジタル技術を武器とするデジタルディスラプターは、これまでとまったく異なるビジネスモデルで従来の業界構造や商習慣に風穴を開け、既存の大企業の優位性を大きく揺るがす存在となっています。

アメリカでは、ネットショッピングの台頭によって百貨店やショッピングモールの存在が脅かされる現象を“アマゾンショック”と呼んでおり、実際に閉店や倒産に追いやられるケースも増えています。インターネットで商品を購入する前に実店舗に行き、現物を見て確かめる「ショールーミング現象」という消費行動が以前から問題視されていましたが、スマートフォンの普及でこれに拍車がかかっています。

実店舗で商品を見て、説明を受け、触って確認したうえで、その場でスマートフォンを使って価格比較サイトから一番安いネットショップを見つけて購入するという行動は、今や珍しいことではなく、多くの消費者が経験ずみなのではないでしょうか。これは、家電量販店や百貨店などの大型店舗が、コストをかけて交通の便がよい一等地に大きなビルをかまえ、商品知識豊富な従業員と陳列在庫を抱えて、ネットショップという敵に塩を送ってしまうことを意味します。

◆あらゆる業界に広がるディスラプター

タクシー配車のUberや民泊仲介のAirbnbなどのシェアリング・エコノミー（P.80参照）が、既存のタクシー業界やホテル業界に破壊的な衝撃を与えています。金融業では電子決済や仮想通貨などのFinTechが注目されています。

製造業では3D技術、仮想現実（VR）、拡張現実（AR）などによってモノづくり改革が進むといわれています。自動車業界では、電気自動車、シェアリング、自動運転などによってこれまでの競争環境が激変することが予想されます。デジタルディスラプターは、AmazonやUberのように特定の企業の場合もあれば、シェアリング・エコノミーのようなビジネスモデルの場合もあります。また、3D技術、仮想現実（VR）、AIのような技術の場合もあるのです。

[06] デジタルディスラプターの台頭

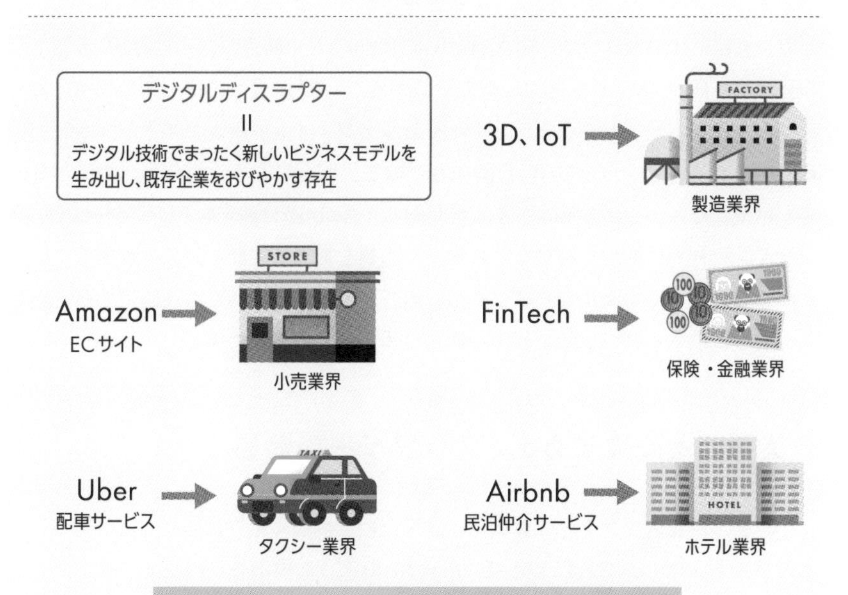

SECTION 07:

デジタルディスラプターの脅威

デジタルディスラプターはあらゆるところから現れ、
既存企業だけではなく
業界全体や周辺の業界にも
大きな影響をおよぼします。

◆ディスラプションによって優位性が足かせに

デジタルディスラプターは従来とまったく異なるビジネスモデルで、スピード感を持ってリスクを取ることをいとわずに襲いかかります。既存企業がつちかってきた成功体験や伝統・歴史を無意味なものにするだけでなく、その優位性を支えてきた既存の資産、取引関係、従業員を足かせに変えることさえあります。

たとえば、民泊仲介サイトのAirbnbは2020年2月の時点で、全世界191カ国での登録物件数が600万件を超え、宿泊者数が延べ5億人に達したとしています。これはマリオット・インターナショナルやヒルトン、インターコンチネンタルといったホテルチェーントップ5の合計総客室数を上回っており、世界最大の“ホテル”企業になったことを意味します。しかし、Airbnbは客室を1つも保有していません。自社では敷地や建物などの資産や人員を抱えずにサービスを提供しているのです。従来のホテル業とはまったく違うビジネスモデルなのに、宿泊したい人に宿を提供するという同じ価値を顧客に提供しているのです。

◆業界ごと破壊するディスラプターの台頭

デジタルディスラプターの脅威は、企業だけではなく業界全体や周辺の業界にも影響をおよぼします。たとえば、Airbnbのような宿泊施設のシェアリング・エコノミー(P.80参照)は、ホテル業界だけでなく、ホテルと取引のあるリネンサプライ業者、警備会社、レストラン、食材業者、宿泊予約サービス業者など周辺のさまざまな業界からもビジネスを奪う可能性があるのです。

また、自動車業界で起こっているMaaS（Mobility as a Service）やCASE（Connected：コネクティッド化、Autonomous：自動運転化、Shared/Service:シェア/サービス化、Electric：電動化）の流れは、自動車メーカーだけでなく、自動車部品業界、電車やバスなどの公共交通業界、宅配便などの物流業界などにも影響をおよぼすと考えられます。

国内では、デジタルディスラプターの出現を「それは海外の話だ」「我々の業界とは異なる」といった論調で対岸の火事と捉える向きもあり、業界や事業領域によって脅威に対する温度差は確かに存在します。しかし、デジタルディスラプターは、あらゆるところから現れる可能性があります。それは海外企業かもしれませんし、国内のベンチャー企業や異業種からの参入者かもしれないのです。

[07] デジタルディスラプターの脅威

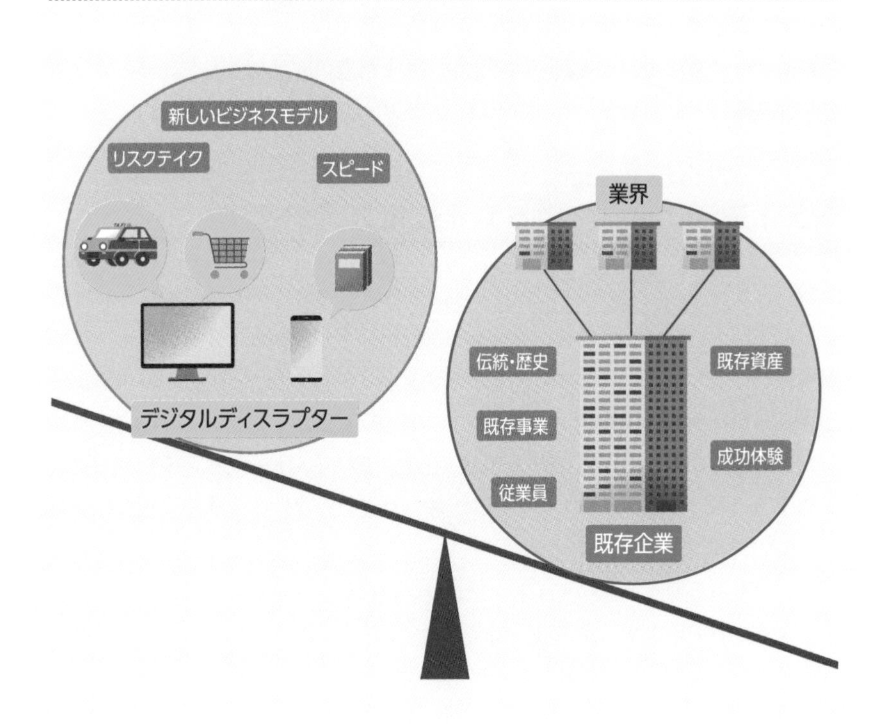

SECTION 08:

デジタル化が企業におよぼす「3つの影響」とは?

デジタル時代の到来は、
企業にどのような影響をおよぼすのでしょうか。
ここでは、とくに注目すべき
「3つの影響」について考えてみます。

◆既存事業の継続的優位性の低下

デジタル時代の到来が企業におよぼす影響には、3つあります。

1つは、既存事業の継続的優位性の低下です。同業他社がデジタル技術やデータを活用して優位性を向上させたり、異なる優位性を持つ新規の参入者が台頭したりすることで、優位性が損なわれる可能性が高まっています。企業はデジタル技術やデータを活用した業務の高度化やコスト構造の変革により、既存の事業や優位性を維持・拡大していかなければなりません。

◆ディスラプターによる業界破壊の可能性

2つ目に、ディスラプター(破壊者)による業界破壊の可能性が挙げられます。デジタル技術を活用して新規の顧客価値を提供したり、異なるビジネスモデルで顧客を奪ったりする、いわゆるディスラプターが台頭することで、既存市場が破壊される可能性が高まることです。アメリカでは“アマゾンショック”(P.24参照)と呼ばれる現象によって大手デパートだけでなく、トイザらスやFOREVER 21のようにかつてはカテゴリーキラーと呼ばれていた専門小売店が大きな打撃を受けています。

国内でもあらゆる業界にディスラプションの波が押し寄せており、対岸の火事ではなくなっています。企業は、製品・サービスをデジタル化したり、デジタル技術やデータを活用した新たなサービスを創出したりして、ディスラプターに対抗しなければなりません。

◆デジタルエコノミーによる構造変革

3つ目は、もっとも広範に影響するデジタルエコノミーがもたらす社会全体の構造変革です。デジタル化による社会システムや産業構造の急速な変化についていけず、取り残される恐れがあるということです。

たとえば、富士フイルムは、2000年代前半に到来したデジタル化の大波により写真フィルム市場が10分の1に急減するという本業消失の危機に直面しましたが、高機能材料事業や医薬品、化粧品にも拡大したメディカル・ライフサイエンス事業へ軸足を移して生き残りました。鉄道や自動車の普及で人の移動や物流が大きく変わったように、構造変革がもたらす影響はデジタル以前にも起こっていました。しかし、デジタル時代の到来は、これまでの産業革命といわれる大きな構造変革よりも、はるかに速いスピードで世の中を変えようとしています。

[08] デジタル化が企業におよぼす3つの影響

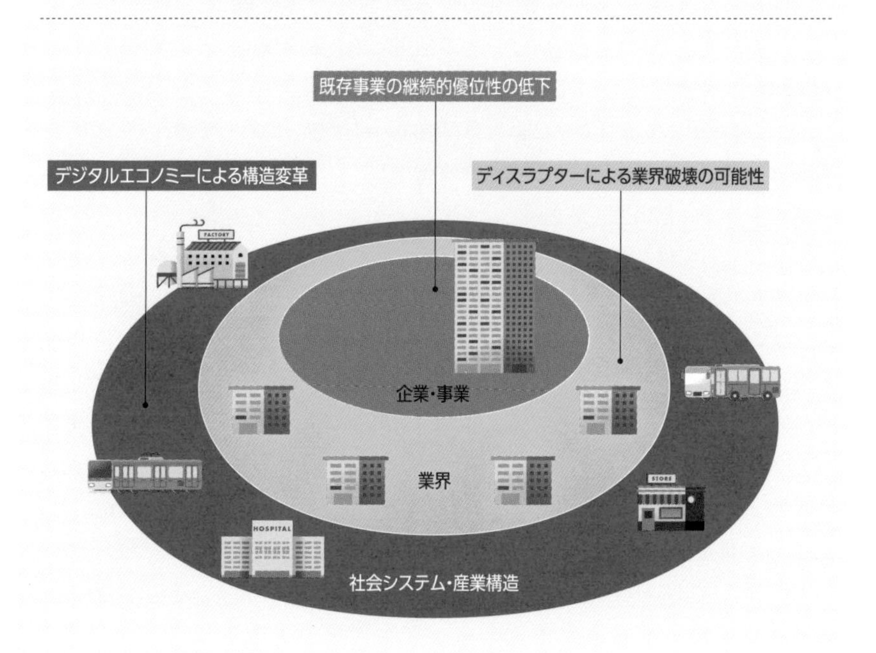

SECTION 09:

デジタル時代に
企業に求められる「3つの能力」

企業が今後、生き残り、
成長していくためには、
デジタル化が企業におよぼす3つの影響（P.28）に対応する形で、
「3つの能力」を身につけなければなりません。

◆デジタル化がもたらす危機

まず、「既存事業の継続的優位性の低下」という影響に対しては、デジタル技術やデータを活用して、既存の事業や業務を高度化・変革していく能力、すなわち「漸進型イノベーション推進力」が求められます。

同業他社がデジタル技術やデータを活用して優位性を向上させたり、異なる優位性を持った新規参入者が台頭したりするのに対抗するためには、他社に先んじて、より有効にデジタル技術やデータを活用して、競争優位性を維持・拡大しなければなりません。

2つ目の「ディスラプターによる業界破壊の可能性」に対しては、デジタルを前提とした新規の顧客価値やビジネスを創出していく能力、すなわち「不連続型イノベーション創出力」が必要となるでしょう。

場合によっては、自社の既存事業を破壊する可能性を持った新規事業をみずからが創出しなければならないかもしれません。自社がやらなければ、他社がやると考えなければならないのです。

そして、「デジタルエコノミーによる構造変革」の影響に対しては、社会や市場のデジタル化に対応して、みずからを継続的に変革して時代の変化に適応していく能力、すなわち「変化適応力」が求められます。「漸進型イノベーション推進力」によって既存事業の優位性を維持したり、「不連続型イノベーション創出力」によって新規のビジネスを創出したりできたとしても、それが1回で終わっていたのでは、次なる社会システムや産業構造の変化に追従できず、取り残されるということです。

◆「3つの能力」とはすなわち「DXをやり続ける能力」

P.18で述べたように「不連続型イノベーション創出」と「漸進型イノベーション推進」は、「DXの実践」にあたるものです。どちらか一方に軸足を置いてもよいですし、並行して推進してもかまいません。

一方、「変化適応力」は「DXの環境整備」にあたる部分であり、「DXの実践」の土台となるものです。DXを推進する環境が整備されることで、社内の誰もが意識することなく、常に漸進型および不連続型のイノベーションをくり出し続けられる企業となることが求められます。

[09] デジタル時代の企業に求められる「3つの能力」

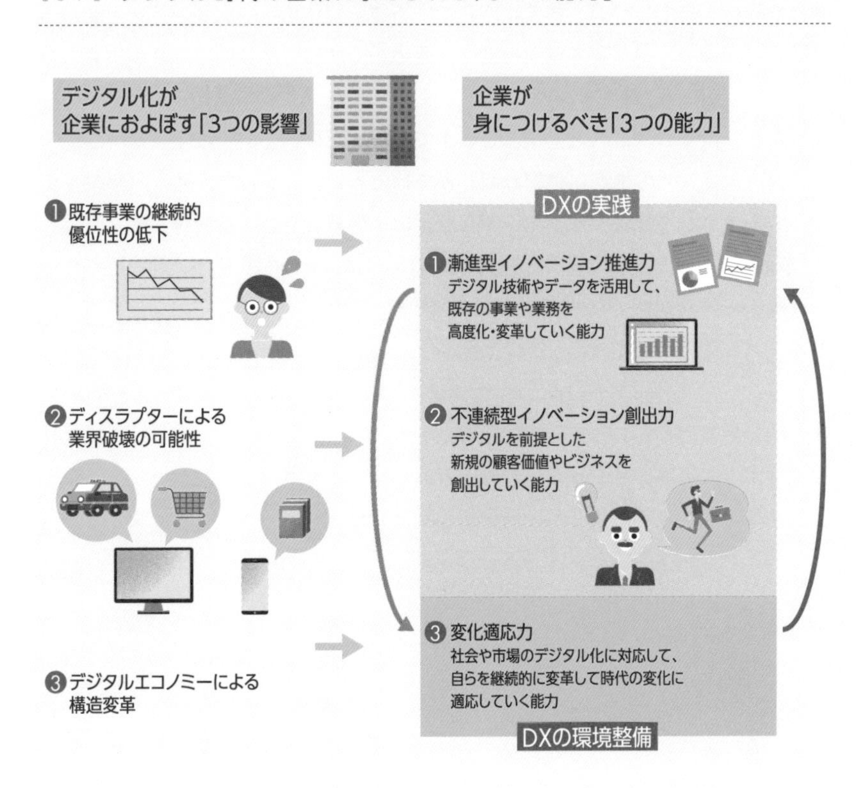

SECTION 10:

これからの企業には「両利きの経営」が不可欠

デジタル時代を生き抜く企業には、
既存事業を改善していく「漸進型イノベーション」と
新規の事業や市場を開拓する「不連続型イノベーション」
の両方を実践できる経営術が不可欠です。

◆両立が難しい「漸進型」と「不連続型」

デジタル時代に目指すべき企業像とは、「漸進型イノベーション」で既存事業の強みを維持・強化しつつ、必要に応じて「不連続型イノベーション」を迅速かつ継続的に実現し、ビジネス環境の変化に適応して常に変化し続けられる企業といえます。

しかし、多くの伝統的大企業はこれまで成功した事業をよりよくする「漸進型イノベーション」の推進には慣れ親しんでいるものの、まったく新たな事業や市場を開拓する「不連続型イノベーション」は不得意といわざるを得ません。

「漸進型イノベーション」は、既存事業の延命には寄与しますが、前に述べたデジタルディスラプションの前には歯が立たず、これだけではいずれ衰退の道をたどることも懸念されます。

一方、ベンチャー企業のように不連続型イノベーションだけに頼っていたのでは存続できませんし、1回の不連続型イノベーションを成功させるだけでは成長を維持することはできません。これまで成功してきた既存事業を維持しつつ、新たな分野を開拓するためには「両利きの経営」を身につけることが重要です。

◆「両利きの経営」とは?

これは、『両利きの経営』(チャールズ・A・オライリー、マイケル・L・タッシュマン著、東洋経済新報社)で述べられている考えです。「漸進型イノベーション」と「不連続型イノベーション」は、[10]に示したように重視すべき要素や組織特性が異なるため、その両立は容易ではありません。同書では、成熟事業の成功要因は「深化」、すなわち漸進型の改善、顧客への細心の注意、厳密な実行だが、新興事業の成功要因は「探索」、すなわちスピード、柔軟性、失敗への耐性であり、その両方ができる組織能力を「両利きの経営」と呼んでいます。

「深化」とは、これまで成功してきた事業をよりよくするために、効率性、コントロール、安定性、バラツキの縮小に力点を置き、絶え間ない改善が組織の調整能力となるものです。これに対して「探索」とは、自発性、実験、スピードに力点を置き、新しい事業コンセプトの発案、市場セグメントと顧客の特定、検証しながら継続的に調整することで新規分野を開拓していくことであり、実験と機敏さを重視する文化を醸成することを意味します。

企業は、「漸進型イノベーション」と「不連続型イノベーション」というDXの実践を全社的かつ継続的な営みとし、いかなるビジネス環境の変革にも適応して変化し続けられる企業にならなければならないのです。

[10] 企業に求められる「両利きの経営」とは?

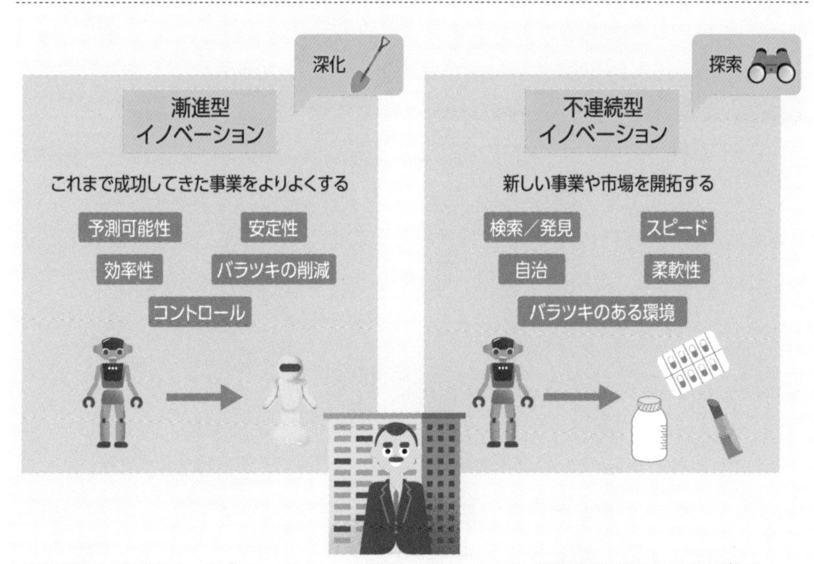

出典:『両利きの経営』(チャールズ・A・オライリー、マイケル・L・タッシュマン著、東洋経済新報社)をもとに著者が作成

SECTION 11:

DXによって企業が目指すべき姿とは？

企業は、DXを推進するにあたって、
「目指すべき企業像」を描くことが求められます。
目指すべき姿が明確でなければ、DXの活動は必ず迷走するからです。
それでは、どのような企業を目指せばよいのでしょうか。

◆DXに終わりはない

「DXの定義とは？」（P.16参照）でも述べたように、DXの目的は「製品やサービス、ビジネスモデルを変革するとともに、業務そのものや、組織、プロセス、企業文化・風土を変革し、競争上の優位性を確立すること」ですから、一過性の活動ではなく、その状態を維持できなければなりません。ビジネス環境が常に変化し、テクノロジーが進化し続ける中、DXによって優位性を確立したとしても、それは永遠のものではありません。優位性を維持するには、企業は変化し続けなければならず、DXの取組みに終わりはないと考えるべきです。

データやデジタル技術を活用した業務やビジネスの変革という具体的なDXの実践による成果が競争優位の源泉となっている状態を維持することに加えて、DXに向けた環境整備と企業内変革によって全社的な環境が整備され、誰もが意識することなくDXが推進されている状況をつくりあげていくことが求められます。これらを同時並行で進め、最終的には環境変化に適応して、常に変わり続けられる企業となっていることがDXの目指す企業像といえます。

◆DXの先のビジョンを言葉にする

「常に変わり続けられる企業となっていること」がDXの目指す企業像と述べましたが、実際にDXを推進するにあたっては、それぞれの企業にそれぞれの目指す企業像があるべきです。「DXによって自社がどこに向かうのか」を明確に示すには、ビジョンが必要です。ビジョンは、「5年後や10年後に、自分たちがどういうことを実現したいのか」という未来の行き先を示すもので、できれば簡潔で具体的な言葉を用いて表現することが望ましいといえます。

2018年1月、米国ネバダ州ラスベガスで毎年開催されるCES（Consumer Electronics Show）において、トヨタ自動車の豊田章男社長が同社の新しいビジョンを発表しました。それは、トヨタ自動車は、「自動車メーカーから、モビリティ・サービスを提供していく会社へ変わっていく」というものでした。これがまさにビジョンです。このビジョンの中には、「やっていくこと」と「やらないこと」の両方が明確に示されています。すなわち、自動車を製造して売るという従来の事業にとどまらず、自動車に限らずさまざまな移動の手段をサービスとして提供する企業となることを宣言しています。

DXの先に目指すビジョンを示すことが、経営者の重要な役割といえます。

[11] DXによって企業が目指すべき姿

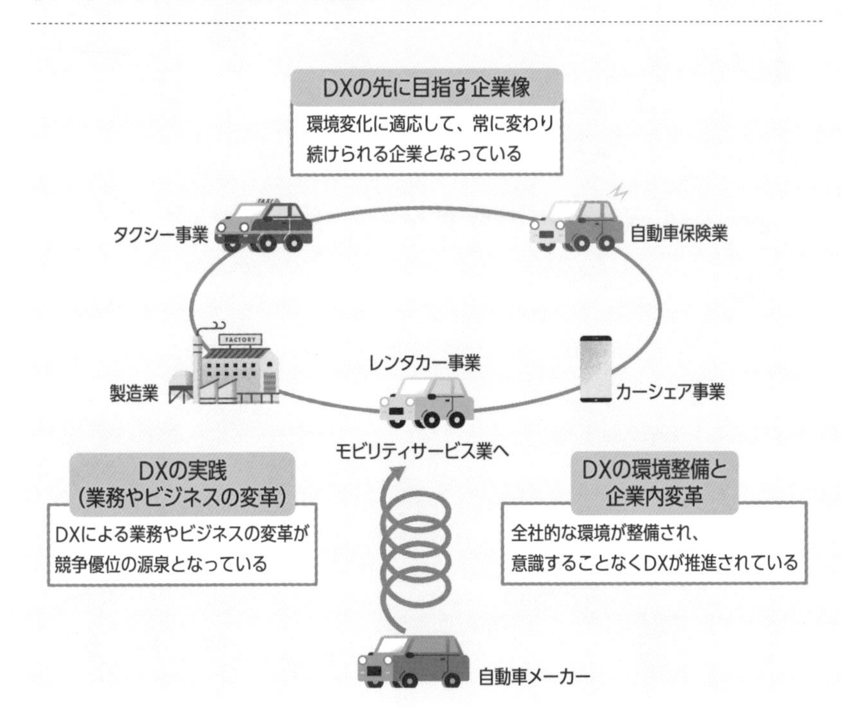

DXとは どういうものか?

1 DXの定義とは?

DX(Digital Transformation)の概念を最初に提唱したのは、スウェーデンのウメオ大学のエリック・スタートルマン教授です。彼によると、DXとは「ITの浸透が、人々の生活をあらゆる面でよりよい方向に変化させる」こと。一方、日本の経済産業省は、より具体的に、「データとデジタル技術を活用」して「製品・サービスやビジネスモデル」とともに「業務そのものや、組織、プロセス、企業文化・風土までも変革」することと定義しています。

手段
D
Digital
デジタルで

対象
会社を　ビジネスを
製品・サービスを
業務プロセスを
組織・制度を文化・風土を

実施事項

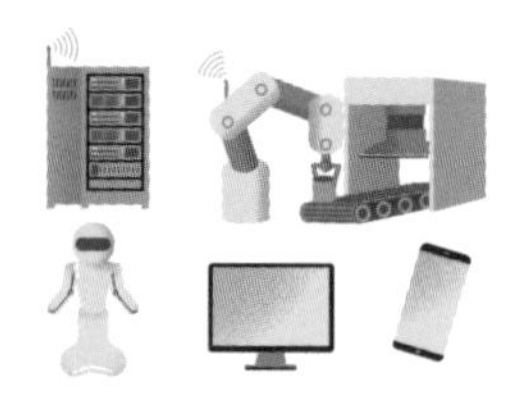

2 DXは2つの要素から成り立っている

DXは「DXの実践」と「DXの環境整備」の2つから構成されます。これらは不可分であり、歩調を合わせて進めなければなりません。すなわち、具体的にDXを推進しながら、環境整備や企業内改革も進める必要があります。

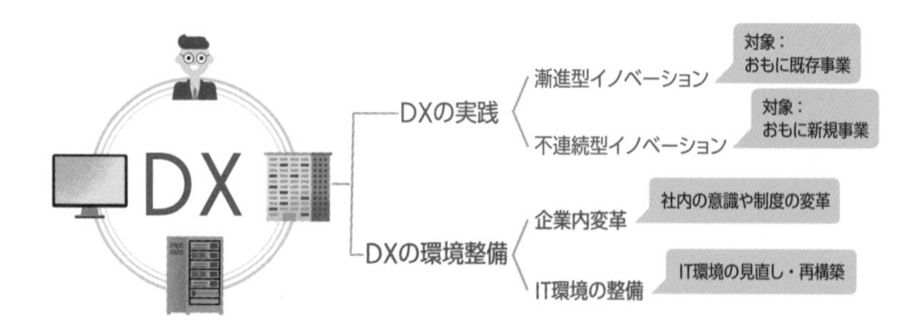

PART1では、DXの定義や全体像、従来のIT活用との相違点などについて、急速に進む社会の変化に触れながら解説しました。その内容をおさらいしましょう。

3 デジタル時代に強いのは、3つの能力を持つ企業

デジタル時代の到来により、企業はおもに3つの影響を受けます。「既存事業の継続的優位性の低下」「ディスラプターによる業界破壊の可能性」「デジタルエコノミーによる構造変革」です。それぞれの影響に打ち勝ち、発展していくためには、デジタルを活用して既存事業を変革していく「漸進型イノベーション推進力」、新規の事業や顧客を創出する「不連続型イノベーション創出力」、そして「変化適応力」という3つの能力が重要になります。

❶漸進型イノベーション推進力
デジタル技術やデータを活用して、既存の事業や業務を高度化・変革する

❷不連続型イノベーション創出力
デジタルを前提とした新規の顧客価値やビジネスを創出する

❸変化適応力
社会や市場のデジタル化など、時代の変化に適応する

4 DXによって企業が目指すべき姿とは?

企業はDXを推進するにあたって、「どういう企業を目指すのか」というビジョンを明確にしておくことが求められます。そうでなければ、DXの活動は必ずといっていいほど迷走します。

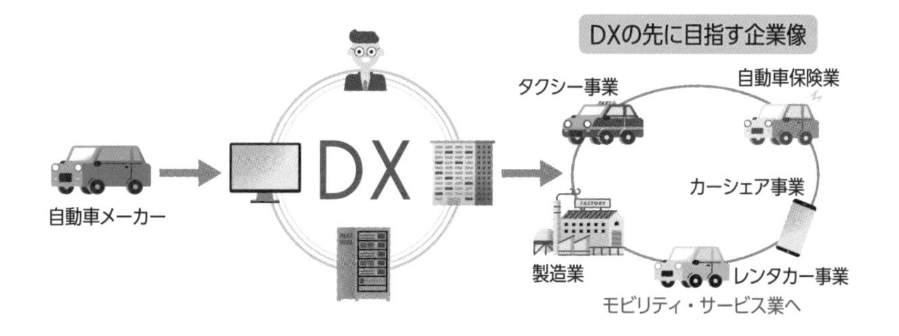

COLUMN | DXの小噺①

危機管理としてのDX

2020年初頭、新型コロナウイルスの感染者拡大に伴った外出自粛などの際にテレワークが推奨されました。しかし、厚生労働省とLINEが共同で2020年3月31日〜4月1日に実施した調査では、テレワークをしている人は約14%とごくわずかだったとのことです。

従前から在宅勤務などを推進していた企業は迅速に対応できましたが、あわててWeb会議だけ導入した、あるいは結局ほとんど対応できなかったという企業が多く見られました。

確かに店頭での接客、建設現場、工場の組み立て作業などテレワークが困難な業務は存在します。しかし、紙の請求書を郵送しなければならない、営業日報を社内独自のシステムに入力しなければならない、電話・対面しかコミュニケーション手段がないなど、通常のオフィスワークでさえデジタル化されていないことが妨げとなったケースも少なくありません。これらの問題のほとんどは、インターネットとクラウドの活用などで解決できるものです。一方で報告や承認のプロセス、就業規則、人事評価制度などが整っていないことが障害となった面もあり、DXの環境整備のための企業内変革も必要となります。

今後はパンデミック（感染症の大流行）に限らず、広域災害など企業活動に影響をおよぼすリスクが常に存在していることを前提に、業務や働き方を設計しておかなければなりません。DXは企業の発展に寄与すると同時に、危機管理やリスク対策としても重要であることがあらためて確認されたのではないでしょうか。

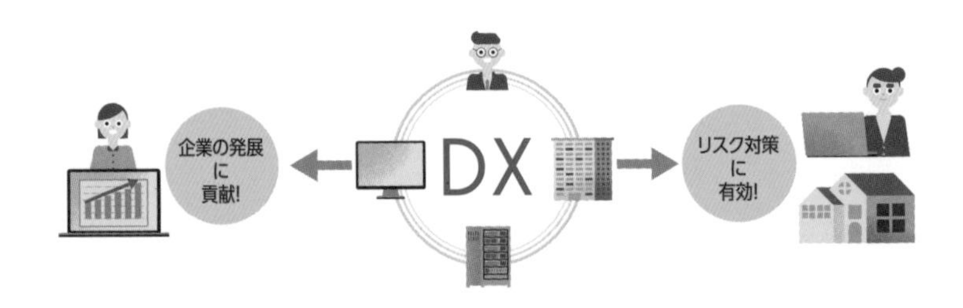

PART 2

DXの実践に向けた取組みとは？

SECTION 01:

どの領域でDXを実践するのか？最適な対象領域を見定めよう

DXを実践する際には、
「デジタル技術を活用することで、どのビジネスや業務を
どのように変革するのか」を明確に方向づけることが非常に重要です。
そのためには、DXの対象領域と適用パターンを理解する必要があります。

◆DXの対象領域は「提供価値」と「事業・顧客層」で4つに分かれる

「DXの実践（業務・ビジネスの変革）」（P.18参照）を対象領域という観点から分類すると、[01]のような4象限のポートフォリオに整理できます。

従来の製品・サービス（提供価値）を、従来の事業・顧客層に提供する領域（図の❸）においても、DXの機会はあります。これまでも企業はIT活用という範囲では、業務効率化や情報共有などに取り組んできていますが、AI、RPA（業務プロセスの自動化）、IoTといったデジタル技術の活用を前提として社内業務のあり方を見直すことで、新たな適用領域が浮かび上がってくるでしょう。

従来の顧客層に新たな価値を提供するためには、新しい価値を生み出さなければなりません（図の❶）。製品・サービスの改良も価値向上策の1つですが、それだけでなく、機器販売を月額課金制にしたり、無償で提供していたサービスを有償化したりといった価格・課金方式の変革も有効な手です。

従来の製品・サービスを、新しい事業・顧客層に提供する領域（図の❹）では、ビジネスモデルを転換するなどして、これまでと異なる市場にアプローチする必要があります。

たとえば、「これまで法人顧客のみを対象としていたサービスを一般消費者にも広げる」といった顧客ターゲットの変革、「購読料金モデルを広告モデルに変える」といった収益源の変革、「代理店経由の間接販売をネットによる直販に変える」といった提供経路の変革によって、新たな顧客層を取り込むことが可能となります。

新しい顧客層に新しい価値を提供するためには、まったく新しい製品・サービ

ス、ビジネスそのものや市場をつくりだすことが求められます（図の❷）。デジタルビジネスの世界では、デジタル技術の特性を生かした新しいビジネスモデルが多数生み出され、注目を集めています。

◆まずは「どの領域でDXを実践するのか」を明らかにしよう

DXの目的は、AIなどの先端技術の導入でもなければ、ましてや実証実験をすることでもないはずであり、「どのビジネス・業務をどう変革するのか」という方向性を明確にすることが求められます。[01]のポートフォリオの4つの象限はそれぞれDXの進め方や着眼点が異なるため、対象とする領域を見定めたうえで具体的なアイデア出し、体制の構築、推進プロセスの決定を行う必要があります。

[01] DXの対象領域

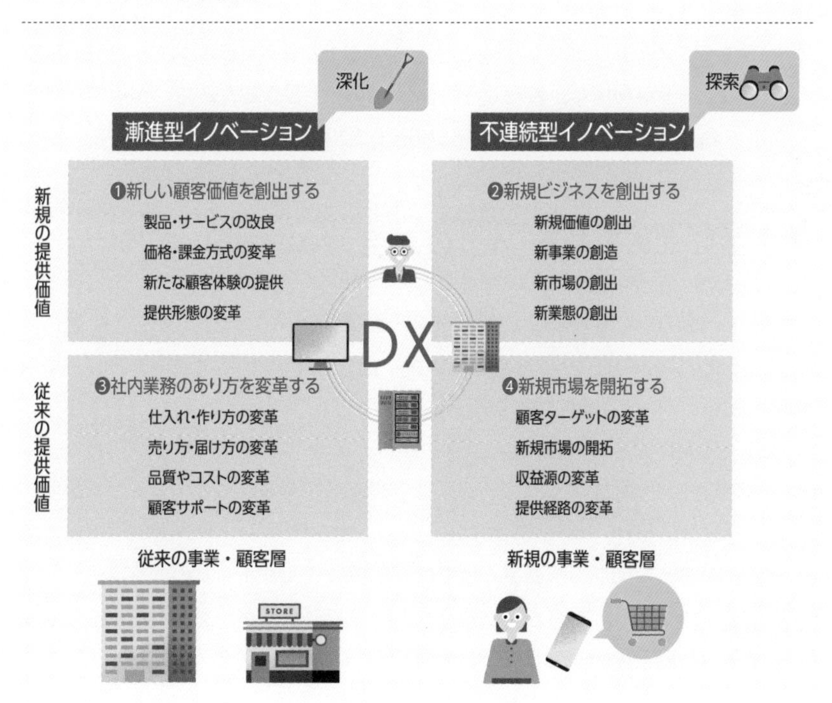

SECTION 02:

知っておきたい
デジタル化の「4つの潮流」

現在、そして今後、企業にはどのようなDXが求められるのでしょうか。
AIやIoTといった技術を追いかけるだけでなく、
それらが進展し普及してきた経緯や背景を理解し、それによって
世の中や企業の何が変わるのかという点に着目して考えることも重要です。

◆技術の逆流現象が起こっている

一時代前は軍事・産業・学術分野で開発された高度な科学技術やその応用技術が一般企業のビジネス分野へ、そして消費者へと転用されていきました。スーパーコンピュータやインターネットもそうした経緯をたどっています。しかし現在は逆転現象が生じ、消費者向け技術が民間企業や軍事分野に転用されるようになっています。スマートフォンなどのモバイルデバイスやパブリッククラウド、SNSなど一般消費者が利用し、普及した技術を、企業がどう取り込むかが重要な議論となっており、この傾向は今後さらに加速すると予想されます。

◆企業に求められる「4つの潮流」への対応

注目すべきDXの潮流としては、「社会・産業のデジタル化」「顧客との関係のデジタル化」「組織運営・働き方のデジタル化」「デジタル化に対応したビジネス創造」という4つの方向性があります。

社会・産業のデジタル化では、3Dプリンティングでモノづくりが変わる、ドローンとGPS（全地球測位システム）で小荷物配送が変わるといったことが現実化しています。

また、顧客との関係のデジタル化では、店舗のショールーム化（ショールーミング現象、P.24参照）を引き起こしたり、SNSで消費者がつながりあったりすることで購買行動に変化が生じています。

組織運営・働き方の分野では、雇用・就労形態の多様化、組織運営の柔軟化、人

材のグローバル化、従業員のモビリティ（人材の流動性）向上はさらに加速し、「雇用」「就労」の概念さえも大きく変わっていくことが予想されます。これは評価や報酬のあり方、合意形成や意思決定のプロセスにも影響をおよぼすこととなるでしょう。

デジタルビジネスの領域では、ITやデジタル技術の活用を前提としたさまざまなビジネスモデルが台頭してきています。

これら4つの潮流に対応する形で、デジタル技術を使って事業や業務を変革する「ビジネストランスフォーメーション領域」（P.44参照）、顧客のデジタル活用に対応する「カスタマーエンゲージメント領域」（P.46参照）、新しい働き方と組織運営を切り開く「フューチャーオブワーク領域」（P.48参照）、デジタルを前提とした事業や業態を創出する「デジタルエコノミー領域」（P.50参照）の4つが、企業が取り組むべき領域として挙げられます。

［02］注目すべきデジタル化の「4つの潮流」

デジタル化の潮流	企業における対応領域	関連キーワード
社会・産業のデジタル化	ビジネストランスフォーメーション ビジネスに直結する業種・事業特化型のIT	IoT／M2M スマートシティ／スマートグリッド 3Dプリンティング AR／VR／MR
顧客との関係のデジタル化	カスタマーエンゲージメント マーケティングとITの融合	デジタルコンシューマー デジタルマーケティング カスタマーエクスペリエンス O2O／オムニチャネル
組織運営・働き方のデジタル化	フューチャーオブワーク 将来の働き方をITで切り開く	ワークスタイル変革 グローバル・コラボレーション 組織・人材のダイバーシティ 意思決定プロセス変革
デジタル化に対応したビジネス創造	デジタルエコノミー デジタルを活用したビジネスモデルの創出	デジタルエコシステム プラットフォーム戦略 APIエコノミー シェアリング・エコノミー

SECTION 03:

ビジネストランスフォーメーション領域 ～自社の優位性を維持・拡大する

企業が社会・産業のデジタル化に対応するために、
デジタル技術やデータを活用して
従来の事業や業務を大きく変革することを
「ビジネストランスフォーメーション」と呼びます。

◆業種を問わず広がる事業・業務の変革

「事業領域を大きく変えたり、新規事業を起こしたりするわけではないが、商品やサービスのつくり方や届け方を変える、取引や課金の方法を変える、顧客に提供する価値を変革すること」が「ビジネストランスフォーメーション」にあたります。

あらゆる業種に共通して事業・業務の変革に適用可能な技術の1つがIoTです。どの業種でも設備、機器、モノ、人などの経営資源を活用して事業を行っており、それらの位置や状況をIoTで見える化し、監視や制御ができるようになっています。また、IoTで収集した設備、機器、モノの状態や稼働状況のデータを分析して、予防保全・予知保全、遠隔修復・自動修復などを行うこともできます。

さらに、人やモノの位置・移動・動作を捕捉して、その後の動きを予測したり、よりよい状態となるためのアドバイスを提供したりすることもできます。

◆業種ごとに取り組まれるさまざまなデジタル化

製造業は、早期からデジタル化の影響を大きく受ける業種となるといえます。中でもIoTを活用した製品のスマート化、3D技術を活用した付加製造技術、製造工程全般のデジタル化によるスマートファクトリーが、幅広い製造業で今後さらに重要なテーマとなるでしょう。

また、ロボットアームや機器の遠隔操作も現実のものとなっている今、製造現場や倉庫・物流分野におけるAIやロボティクス技術の活用はさらに高度化し、自動化や無人化が進みます。

流通業の中でも、とりわけ大規模な店舗を多数展開する百貨店、GMS（General Merchandise Store：総合スーパーマーケット）、量販店にとって重大な課題は、ネットショッピングに対する優位性の確保です。そのためには、接客を含む店舗内業務の高度化と、リアル店舗ならではの買い物体験の提供が求められます。IoTを活用した顧客動線分析や店頭プロモーションも注目されます。

メガバンクなどの金融機関では、店舗業務のデジタル化や事務処理の無人化を推進し、大幅な人員削減や人材シフトを実現しようとしています。

医療分野での遠隔医療、ロボティクス手術、医療画像や医療記録のデータ解析なども進展しています。

その他、防災・防犯、高齢者見守り、エネルギーマネジメント、交通や物流の最適化などさまざまな事業・業務のデジタル化が進んでいきます。

[03] ビジネストランスフォーメーション領域のデジタル化

SECTION 04:

カスタマーエンゲージメント領域 ～顧客とのつながりを強化する

「カスタマーエンゲージメント」とは、顧客との間に築かれた深い関係性のこと。
消費者がスマートフォンやSNSを活用するようになり、
取引や情報交換の手段がデジタル化している今、
企業にはデジタル技術やデータを活用して顧客との関係性を深めることが求められています。

◆顧客との接点を高度化する

企業にとって顧客との関係を深めることは非常に重要ですが、顧客とのつながり方、すなわち「カスタマーエンゲージメント」にも変革が求められています。

ネットから情報を簡単に手に入れられるようになったために起きている店舗のショールーム化（ショールーミング現象、P.24参照）や、SNSで消費者がつながりあうことが購買行動の変化を引き起こしています。これに対応するためには、企業側もデジタル技術を駆使して潜在的な顧客を見つけ出し、つながり、関係を強化し、満足度を高めることが求められます。

ネット上の顧客とリアル店舗に来店する顧客が同じ人物であれば、そのように対応しなければなりませんし、ネットの顧客を店舗に誘導したり、店舗の顧客を自社のWebサイトに誘導したりすることも有効です。それを実現するために、あらゆるメディアで顧客との接点をつくり、購入の経路を意識させないためにオムニチャネル戦略が注目されています。

また、業種を問わず、顧客接点やコールセンターなどの問い合わせ対応業務の高度化が求められており、AIやチャットボット（自動対話ロボット）を活用した自動応答やバーチャル・エージェント、顧客体験効率化／セルフサービス促進などによる顧客対応業務の革新も重要なテーマとなるでしょう。

◆マーケティングとITの融合

今後はさらに、従来のマーケティング領域とITが融合する新領域が形成され、販売チャネルや顧客との接点のあり方、企業や商品の価値訴求やブランディングの方法、顧客や市場の状況に関する情報収集の手法などに変革をもたらすでしょう。

顧客の声（VOC：Voice Of Customer）を商品企画や改良、品揃えや店づくり、サービスやサポートなどに生かす動きも見られます。これまでリアル店舗では、顧客に関する詳細な情報を把握することが困難でしたが、ポイントカードやスマートフォン決済などを利用する顧客からさまざまなデータを収集できるようになっており、これをマーケティングに活用することが有効な戦略となります。

「よいものをつくれば売れる」という大量生産大量消費の時代ではなくなった現代では、常に顧客側の立場になって、商品やサービス、その提供方法や使われ方をデザインすることが重要です。

[04] カスタマーエンゲージメント領域

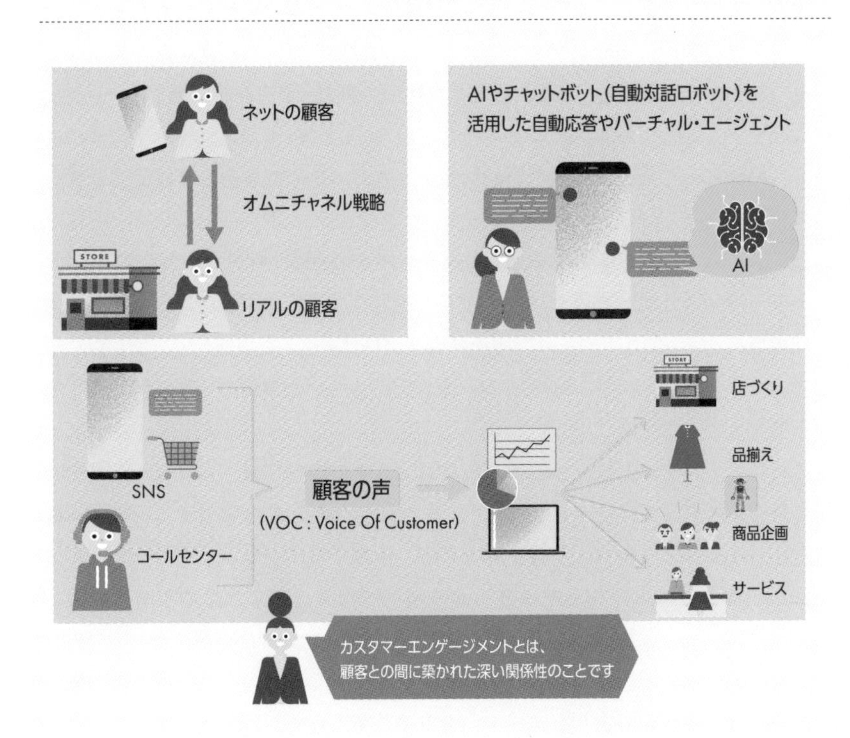

SECTION 05:

フューチャーオブワーク領域
～組織運営・働き方が大きく変わっていく

労働人口の減少や就労者の価値観の変化に対応するために、
雇用・就労形態の多様化の動きが加速し、
「雇用」「就労」の概念さえも
大きく変わっていくことが予想されます。

◆働き方の多様化がいっそう進む

国内の多くの企業における組織運営の方法や働き方は、高度経済成長期の枠組みを維持したままで、これからの競争環境に適したものとはいえません。

優秀な人材を確保し、モチベーションを維持して事業に貢献してもらうためには、企業は従業員に多様な働き方を許容し、人材のグローバル化を含む雇用のダイバーシティを進めていかなければなりません。副業・兼業や在宅勤務・テレワークなどもさらに広がっていくことが予想されます。これは、人事評価や報酬のあり方、組織における合意形成や意思決定のプロセスにも影響をおよぼすこととなるでしょう。

これまでも多くの企業がペーパーレス化、テレビ会議の導入、フリーアドレスの実施、電話のIP化、コミュニケーション活性化のためのグループウェアや社内SNSの展開など、働き方やその環境を見直すプロジェクトを推進してきました。現在ではソフトウェアロボットやAIが、人が実行していた業務の一部を代替する場面も増えていきます。

これから業務プロセスを検討する際には、人手による作業、パソコンなどを利用した作業に加えて、ソフトウェアロボットやAIが自動的に遂行する作業を前提に考える必要があります。工場、建設現場、店舗や窓口業務などでもデジタル技術活用が進み、あらゆる業種のあらゆる業務で将来の働き方を切り開くフューチャーオブワーク領域への注目が高まると考えられます。

また、感染症の流行リスクなどに備えたテレワークの推進や、広域災害の際の事業継続性の確保を考慮した業務や働き方の改革も求められています。

◆これまでの常識を疑う発想も必要

一般に、「将来の働き方」というと、人事部門が主導する在宅勤務やフレックスタイムなどの就労形態に関わる制度面の取組みや、IT部門が推進するモバイルワークや遠隔会議などのワークスタイル革新に関する取組みが想起されがちではないでしょうか。

しかし、働き方について掘り下げていくと、労働と報酬の関係、「雇用」という概念、「会社」という枠組みといった、より根源的な物事の定義に立ち返らなければならない場面にぶつかります。議論すべき点は多岐にわたり、労働と報酬の関係、働く場所、組織のあり方、意思疎通や合意形成のあり方、指揮命令および報告の方法、意思決定の方法など、多層構造になっているといえます。

何のために会議をするのか、伝達手段は電話や電子メールが最適なのか、報酬は労働時間に対して支払われるべきか、上司と部下という関係は必要なのかといったこれまでの常識に疑問を持つような発想が必要となるのではないでしょうか。

[05] フューチャーオブワーク領域

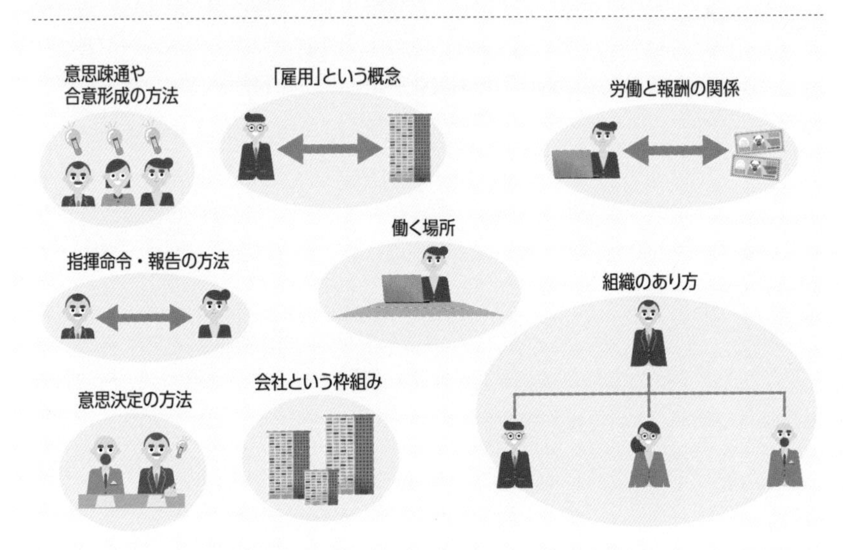

SECTION 06:

デジタルエコノミー領域 ～デジタル化が生んだ新たな経済を知る

近年、デジタルを前提とした
新規の事業や業態が無数に起ち上がっています。
デジタル化によって生み出された経済現象を
「デジタルエコノミー」と呼びます。

◆あらゆる業界で台頭するデジタルエコノミー

製造業では、センサーやインターネット接続機能を持つスマート製品（コネクテッドカーやスマート家電）から収集されたデータを組み合わせたり、分析したりすることで新たな適用分野が生まれ、それを新規事業として推進する動きが見られます。大量生産大量消費を前提する経済パラダイムは衰退に向かっており、製造業のサービス業化（サービタイゼーション）を目指したビジネスモデルの転換が加速することが予想されます。

流通業では、訪日外国人による爆買いが沈静化し、今後国内人口が減少する中、製造業と同様にいかに「モノ売り」から「コト売り」に転換できるかが鍵となり、デジタル技術を活用した顧客体験の高度化と商品以外の付加価値の提供が重要となります。また、インターネットやSNSの普及により、生産者と消費者が直接つながる機会が増えたり、「買う」だけなく「借りる」「共有する」「修理して長く使う」というライフスタイルが台頭し、シェアリング・エコノミーが注目されたりしています。これに対して、製造業や流通業の提供する価値をいかに再定義するかという課題も浮上しています。

金融業界ではもともとITが幅広く活用されており、デジタル技術との親和性の高い業種ですが、さらに急速にデジタル化が進展することが予想され、FinTechと呼ばれる新潮流が大きな影響をおよぼそうとしています。国内ではユニバーサルバンク化（金融総合路線）の流れの中、メガバンクを中心に、規制緩和で可能になったさまざまなビジネスを拡大させる戦略を指向しており、顧客の総合的な資産形成を支援するデジタル・ライフ・アドバイザリーや、データに基づく資産運用、生損保商品などのクロスセルを促進する動きが活発化しています。

◆デジタル技術で社会課題の解決を目指す

電力・ガス業、運輸・情報通信業、公益・公共団体、地方自治体などでは、社会基盤となる公共性の高いサービスを提供していることが多く、さまざまな局面で社会的課題を解決するためにデジタル技術を活用することが期待されています。

日本は課題先進国といわれ、少子高齢化、労働力不足、都市の老朽化、防災・防犯、地球温暖化、資源・エネルギー問題、食料自給率、過疎化・空き家問題など、抱えている課題を数え上げればきりがありません。これらに対して、IoTや画像・音声・映像の認識技術、AIやロボティクス技術、ビッグデータ分析などを活用する場面が多岐にわたって存在すると考えられます。

[06] デジタルエコノミー領域

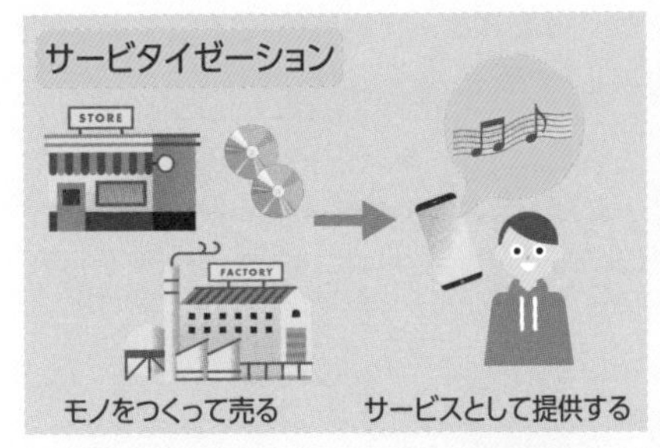

SECTION 07:

「データ」に着目した DXの7つの実践パターンとは？

DXを実践するといっても、何から始めたらいいのか、
よくわからないと感じる場合もあるかもしれません。
そこで、ここではDXの実践をパターンに分類し、
アイデア出しの際のヒントを紹介します。

◆DXの実践パターンは大きく2つに分かれている

DXの実践は大きく、「データ」に着目したパターンと「つながり」に着目したパターン（P.68参照）の2つに分類されます。

ここでは、データに着目したパターンを見ていきます。デジタルデバイスの主流がパソコンからスマートデバイスへと移り、IoT技術により機器や設備のあらゆるモノがインターネットに接続されることで、さまざまなモノ・コトをデジタルデータに変換して表現・伝達することが可能となっています。また、それによって新しい応用方法やビジネスモデルが生まれています。

◆知っておきたい7つの実践パターン

データに着目した実践には、ビッグデータの活用、デジタルコンテンツの活用、無形価値のデジタル化に含まれる、以下の7つがあります。

①モノのデータ：モノが間断なく発する大量データをセンサーなどにより収集し、処理・分析して、業務やビジネスで活用する。

②人のデータ：人が間断なく発する大量のデータを収集し、処理・分析して、業務やビジネスで活用する。

③画像・音声のデジタル化：画像や音声などのデジタルデータを複合・編集・変換することにより、異なる付加価値を生み出す。

④有形物のデジタル化：有形物の形状を3次元データに変換することで、構造分析、シミュレーション、製造・復元などに役立てる。

⑤デジタルコンテンツ活用基盤：散在するデジタルコンテンツの集約・保管・流通・再利用・供給を支援する。

⑥経済的価値の交換：金銭と同様の価値または特典や便益を仮想で交換する。

⑦付加価値データの有償提供：希少価値や有用性の高いデータ・情報を有償で提供する。

たとえば、コマツのKOMTRAXは、建設機械の位置や稼働状況をGPSや無線通信を通じて収集し、分析することで顧客価値を高めていることから、IoTの事例であり、「①モノのデータ」の実践パターンといえます。Cookpadのようなレシピサイトや Dropboxなどのファイル保存・共有サービスは「⑤デジタルコンテンツ活用基盤」に属します。また、クーポンサイト Grouponやインターネット上で使える電子マネー BitCashは、金銭と同様の価値または特典や便益を仮想で交換することから「⑥経済的価値の交換」の事例といえます。

[07] データに着目した7つのDX実践パターン

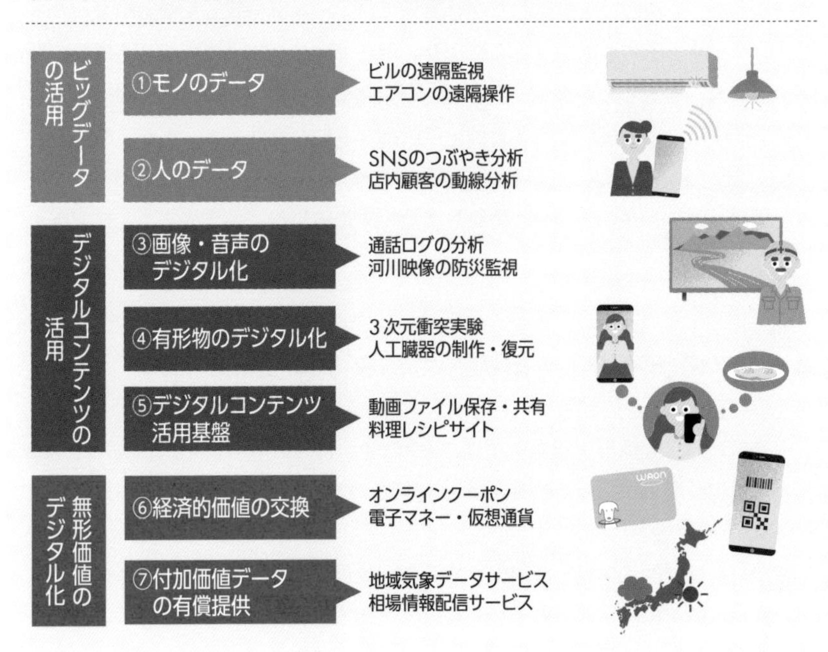

「モノのデータ」に着目する

ビックデータは、その源泉によって
「モノのデータ」と「人のデータ」に分かれますが、
基本的に間断なく発生する大量のデータを収集し、
処理・分析して、業務やビジネスで活用するものです。

◆IoTが可能にする「モノのデータ」の捕捉

モノのデータでは、IoTによって機器や設備などのあらゆるモノがインターネットにつながることで、その稼働状況や周辺環境のデータが収集できるようになったことから応用分野が一気に広がりました。

元来、インターネットに接続するデバイスはコンピュータや通信機器に限られていました。しかし、小型化した携帯通信モジュールを搭載した機器やセンサーがインターネットにつながるようになり、現在ではテレビ、オーディオ機器、照明、AIスピーカーなどのデジタル家電、自家用車、自動販売機、産業用機器などをインターネットに接続することは一般的になりつつあります。また、機器だけでなく道路、河川、ダム、ビルなどの設備や自然環境にもセンサーや通信モジュールを設置し、インターネットに接続して監視や遠隔操作に役立てることができます。

◆「モノのデータ」活用の3つのステップ

モノのデータを活用する場面には、3つのステップがあります。1つ目は、「監視・可視化」であり、モノの所在場所・移動、稼働・利用状況、正常か異常かなどがわかります。

次のステップは「制御・自動化」で、モノを無人で運転したり稼働させたりする、よい状態を保持する、異常があれば修復するといったことができるようになります。それによって、地理的制約や物理的限界を取り払い、圧倒的なコスト削減や作業にかかる手間の大幅な排除を実現します。自動車、家電、生産機械などの製造では、製品の機能や性能をソフトウェアで制御できるため、複数のモデルを生産することなく顧客に選択肢を提供できるようになるでしょう。

そして3つ目は「最適化・自律化」で、自律的に判断して行動する、最適な状態に自律改善する、事前に予知してアドバイスするといったことを可能にします。IoTの価値は、あらゆるモノがインターネットにつながることで物理的な現象をデジタルデータ化して捕捉でき、さらにそうして得たデータを分析するなどしてヒトやモノにフィードバックできることにあります。集積されたデータを分析し、故障の予兆検知、省エネルギーやリサイクルに活用することもできます。

車載機器から運転状況のデータを収集して自動車保険料の算定に活用したり、GPSのデータからタクシーを配車したりといった新たなビジネスモデルを創出した事例もあります。

[08] 「モノのデータ」活用の3ステップ

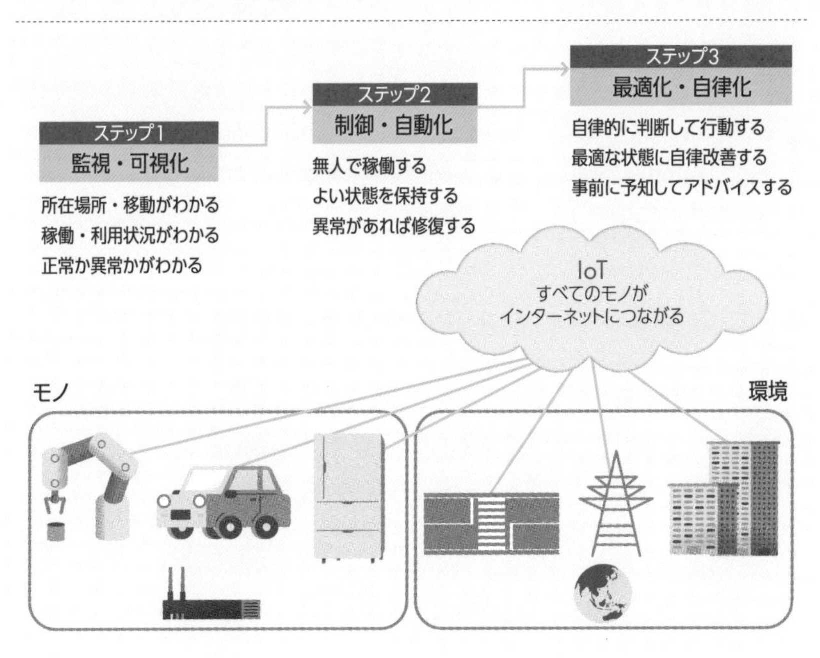

「人のデータ」に着目する

人は暮らしの中で多種多様なデータを生み出していますが、
それらは大きく「発言」「行動」「生体」の3つに分けられます。
こうした「人のデータ」に着目することで、
新たなビジネスモデルが生まれています。

◆「人のデータ」は、おもに「発言」「行動」「生体」の3つ

デジタル化され活用される「人のデータ」には、おもに「発言」「行動」「生体」の3つがあります。発言には、Twitterでのつぶやきや Instagramに投稿した写真、ショッピングサイトやレストラン紹介サイトに書き込んだ評価やコメントなどが含まれます。

行動のデータは多岐にわたります。スマートフォンを持って歩く、駅の改札を通る、店舗やネットショップで買い物をする、クレジットカードやポイントカードを使うといった行動のたびにデータが発生しています。また、カメラで不審者の侵入やスポーツでのフォームを撮影し、データとして捕捉することもできます。

Apple Watchなどのウェアラブルデバイスや専用チップを搭載した靴や衣服から人の生体情報を収集することも可能となっています。

◆3つのデータをビジネスに活用する方法

「発言」は人が発信する重要なメッセージです。インターネットやスマートフォンが普及する以前は、一般消費者は情報を一方的に受け取るだけでしたが、今や情報を発信することが当たり前となり、大きな影響力を持つようになっています。企業は、マーケティングや商品開発などに活用するために消費者の声を集めて分析しようとしています。

「行動」のデータも重要な分析対象です。最近では、店内カメラやセンサーなどによって顧客の動線を捕捉することも可能となっており、そのデータから適切な

商品陳列や、デジタルサイネージなどを活用したタイムリーなプロモーションを行うこともできます。体操競技やゴルフなどのスポーツでは身体の動きを分析し、よりよいフォームやトレーニング方法をアドバイスするような事例も見られます。

「生体」のデータは、今後ヘルスケアや医療分野で重要性を増していくと考えられます。歩数、脈拍、心拍数、体温などの生体情報を活用した健康増進アプリや生命保険商品などが開発されています。

[09]「人のデータ」は3つに分けられる

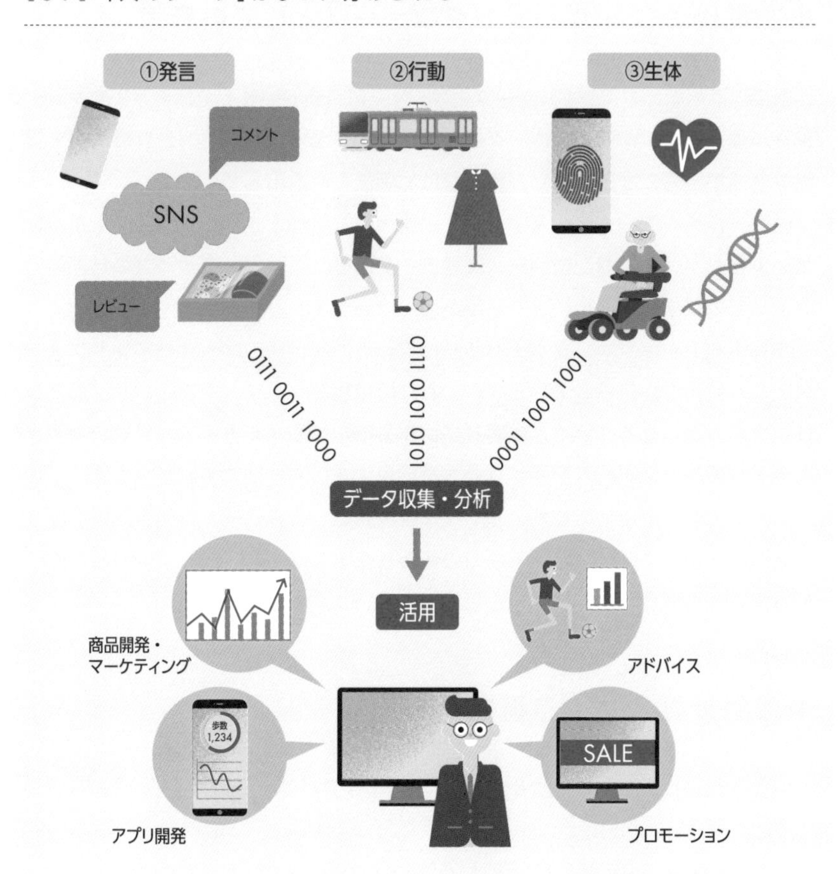

画像・音声のデジタル化 ～新たなビジネスが次々に誕生

デジタルコンテンツの活用には、「画像・音声のデジタル化」「有形物のデジタル化」「デジタルコンテンツ活用基盤」の3つのパターンが含まれます。
まずは、「画像・音声のデジタル化」の活用シーンを紹介します。

◆次世代のユーザーインタフェースとしての音声

画像・音声などのデジタルデータ化は、とくに目新しいことではありません。デジタルカメラやデジタルレコーダーも普及しています。しかし、これの複合・編集・変換が容易になったことが新たな付加価値を生み出しています。

画像・音声のデータは、文字データに比べて容量が大きく、処理時間もかかっていましたが、大容量記憶装置、高速データ通信、スマートデバイスの処理能力向上などの技術的な進展により活用が進んでいます。

キーボードやマウス、タッチパネルに代わる、次世代のユーザーインタフェースとして音声が注目されています。これに機械翻訳、ディープラーニングなどの技術を組み合わせることで、顧客対応、作業指示、リアルタイム自動通訳などさまざまな体験や革新的な業務プロセスを実現することが期待されています。

音声データを活用する技術としては、音声認識、音声合成、自然言語処理などがありますが、それらが人の耳や口の代わりをするだけでなく、人間が日常的に使っている自然言語による対話を可能にしています。

◆応用分野が広がる画像データ

画像認識の技術が品質検査や産業用ロボットの物体認識などに用いられる事例が見られます。

また、生産現場や店舗などで情報を伝達する手段として、直接的なコミュニケーション、文章や図・写真などによるドキュメントなどに代わって、動画や映像が用いられる機会が増加しています。とくに動画は直感的で非常に表現力に優れていることから、プロモーション、マニュアル、顧客サポート、教育など、説明を要する複雑な情報を伝達する場面で活用されています。

最近は、監視や状況確認の分野をはじめとして、リアルタイム映像をビジネスに活用する事例が増えています。ドローンやロボットに搭載したカメラを使い、これまで撮影できなかった高所や危険な場所を撮影して監視することも可能となっていますし、現場の映像をライブ中継し、センターなどの遠隔地から指示を与えるといった双方向での活用も見られます。

[10] 画像・音声のデジタル化の活用例

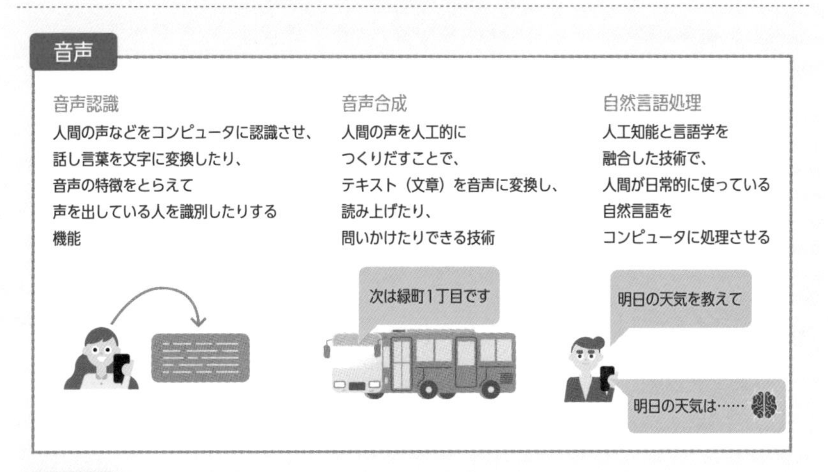

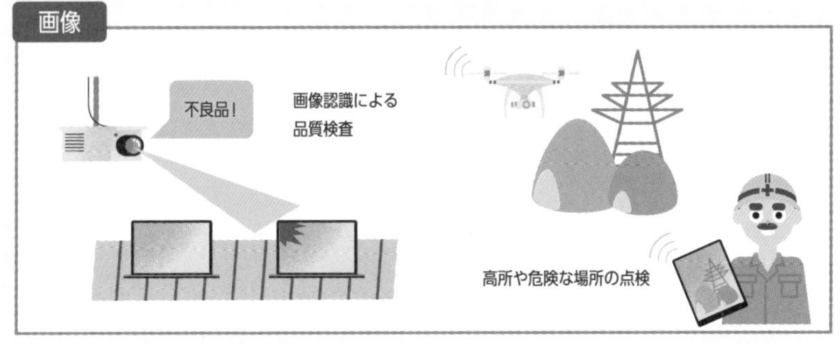

有形物のデジタル化 ～3D技術でモノづくりが変わる

3Dプリンタや3Dスキャナなど、
3次元データ処理技術に注目が集まっています。
これらは構造分析、シミュレーション、製造・復元などを可能とし、
モノづくり革新に貢献する可能性が大きいといわれています。

◆本格化する3Dプリンタの活用

3次元データの活用は、以前から試作品の製作や構造のシミュレーション、品質検査や衝突実験などで広く行われていましたが、近年は部品や最終製品の製造の段階でも利用される機会が増えています。自動車や航空機の部品にもすでに多く使われていますし、家を丸ごと3Dプリンタで製作した事例もあります。

食品製造の分野でも3Dプリンティングは注目されており、高齢者のかむ力に配慮した食品や、宇宙飛行士が宇宙空間でも、新鮮でおいしいものが食べられる食品を3Dフードプリンタで製造するプロジェクトなども進行しています。

日本のモノづくりを支える金型業界でも、金属3Dプリンタを活用する動きが見られます。医療分野でも人工臓器、入れ歯、義手・義足などの制作に期待が寄せられています。

3Dプリンタで利用される素材も以前はポリエステルなどのプラスチック系の樹脂が中心でしたが、最近ではゴム、金属素材、セラミックも増え、制作物の形状、弾性、強度などの多様性が増しています。

◆急速に広がる3Dスキャナの応用分野

3Dスキャナは、対象物の凹凸を感知して3次元データとして取り込む装置です。対象物にレーザーを照射したり、センサーを当てたりしながら3次元の座標データを取得することで、モノの形状をデジタルデータとして捕捉できます。

3Dスキャナは製造業の設計、製造、品質検査などの分野で利用されており、加

工前の部品が加工するのに十分なサイズがあるかどうかの計測、設計図やCADデータのない製品や部品のリバースエンジニアリング（製品の構造を分析し、製造方法や構成部品、動作などの技術情報を調査し明らかにすること）などの分野で活用されています。

また、人体の3次元データを活用して、スポーツビジネス（フォーム分析や審判）、アパレル業界（採寸や仮想試着）などさまざまな分野で新たな応用方法やビジネスモデルが創出されています。

昨今では、高性能で比較的低価格の3Dレーザースキャナが普及し、ラボや工場内の制作物にとどまらず、大型構造物など広範囲を高速にスキャンし、3次元座標データ（点群）として記録できるようになっています。建設・土木分野では、橋のひずみなどの橋梁点検、トンネルの内空断面変位や形状の計測、日照計算や天空率のシミュレーション計算などにも活用されています。

[11] 有形物のデジタル化のメリット

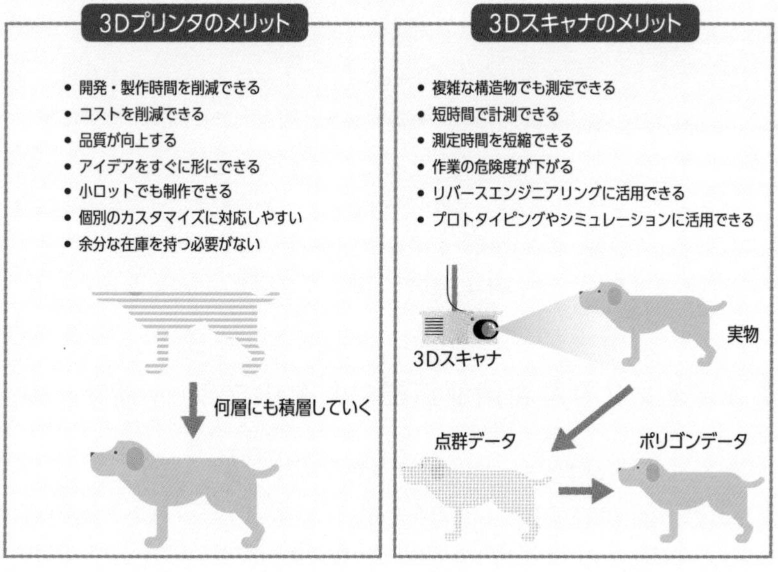

3Dプリンタのメリット

- 開発・製作時間を削減できる
- コストを削減できる
- 品質が向上する
- アイデアをすぐに形にできる
- 小ロットでも制作できる
- 個別のカスタマイズに対応しやすい
- 余分な在庫を持つ必要がない

何層にも積層していく

3Dスキャナのメリット

- 複雑な構造物でも測定できる
- 短時間で計測できる
- 測定時間を短縮できる
- 作業の危険度が下がる
- リバースエンジニアリングに活用できる
- プロトタイピングやシミュレーションに活用できる

3Dスキャナ
実物
点群データ
ポリゴンデータ

デジタルコンテンツ活用基盤 〜YouTubeなどのプラットフォームが持つ力

日々、写真、音声、動画などのコンテンツが
膨大に生成されています。
こうした散在するデジタルコンテンツの集約・保管・再利用・流通・供給を
支援する基盤が求められており、多岐にわたるサービスが登場しています。

◆デジタルコンテンツを保管・活用するベース

スマートフォンの普及によって、利用者が容易に写真や動画などのコンテンツを制作できるようになり、パソコンやスマートフォンなどのローカルデバイスでは格納しきれないくらいのデジタルデータが生成され、この量は日々増大しています。そのため、クラウド上のストレージに格納することが一般的になっています。コンテンツをクラウド上で保管することで、家族や友人にアクセスを許可して楽しんだり、遠隔地から閲覧したりできるようになり、新たなビジネスを生む基盤となっています。

単純にファイルを保存・共有するためのオンラインストレージもあれば、分類整理や検索などの機能を備えたものもあります。個人向けに加え、管理機能などを備えたビジネス向けサービスもあり、プランや料金も多様です。

ビジネス向けサービスには、一般的な文書ファイルや画像データに加え、設計図、見積書・発注書、製品仕様や手順書など、特定の業務での活用を目的としたサービスもあり、これらの業務に付随した機能を具備するものもあります。

◆コンテンツの再利用や流通のためのプラットフォーム

写真やイラストのギャラリー、動画や映像の共有サイトなど、多数のユーザーによる閲覧や再利用を目的としたコンテンツ・プラットフォームも多数存在します。また、料理レシピサイトのCookpadや動画共有サービスのYouTubeのように、一般消費者が制作者となって情報発信できる参加型プラットフォームもあり

ます。

イラスト、料理レシピ、教育動画などの中には、有償で取引されるものもあります。このような付加価値のあるコンテンツを単に共有するだけでなく、供給し、流通させることを事業としたプラットフォームビジネスも多数存在します。

デジタルビジネスを運営する事業者が、他社のコンテンツ基盤を自社システムの一部として利用する場合もあります。たとえば、不動産仲介サイトでは、物件の間取図や写真を保管し、検索して閲覧できるようにクラウド上のコンテンツ基盤を活用する場合もあります。

さらに、プラットフォーム上のコンテンツが他社のWebサイトやシステムを経由して活用される場合もあります。たとえば、YouTube上の映像を自社のWebサイトに埋め込んで活用している企業も多くあります。

[12] デジタルコンテンツ活用基盤の役割

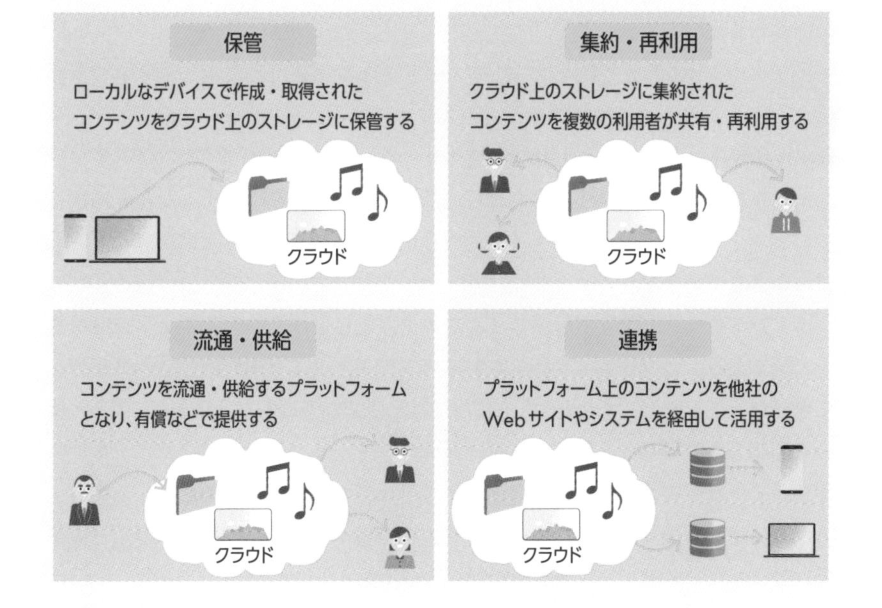

経済的価値の交換
～お金のデジタル化に対応する

無形価値のデジタル化には、
「経済的価値の交換」と「付加価値データの有償提供」という
2つのパターンが含まれます。
まずは、「経済的価値の仮想的な交換」から見ていきましょう。

◆多様化する通貨

経済的価値の交換には、仮想通貨や電子マネーのように金銭とほぼ同様の価値を仮想的に実現するものもあれば、ポイントやマイレージのように特典や便益を仮想で交換する仕組みを提供するものも使われます。

仮想通貨は、一般的には流通性や汎用性を持つ電子的な決済手段を指しますが、ゲーム内通貨、物品やサービスと交換できる電子クーポンなど、汎用的でないものを含めることもあります。

ICカードやICチップを搭載したスマートフォンを利用した電子マネーの市場には、JRや私鉄などの交通業界、大手スーパーマーケットチェーンなどの流通業界、携帯電話などの通信キャリアに加えて、デバイスやOSを提供するGoogleやAppleなどが参入しています。それらの多くは、利便性やポイントなどを提供することで、自社ブランドに対するロイヤリティを高めて、顧客を囲い込むことをねらいとしています。

ポイントカードの発行やマイレージプログラムは、以前から百貨店、家電量販店、航空会社、ガソリンスタンドなどにとって集客および顧客囲い込み戦略として重要な役割を果たしてきました。昨今では、頻繁で継続的な利用を促したり、離脱を抑制したりすることをねらって、通販サイト、レストラン紹介サイトや旅行仲介サイトなどのネット系、電力自由化などの規制緩和で競争が激化した電力・ガス業界でも多数開始しています。今や、B2Cビジネスを展開するほとんどの業界が参入しているといっても過言ではありません。

◆加速するキャッシュレス決済の普及

政府でもキャッシュレス決済の普及を推進しており、国内でも利用できるQRコード決済サービスが多数登場しています。キャッシュレス決済にも、前払い方式、後払い方式、即時支払い方式などいくつかの方式があります。QRコード決済の市場にも、通信キャリア系、地方銀行などの金融系、コンビニエンスストアなどの流通系、Eコマースや SNS を提供するネット系事業者など、ネットとリアルの両方の事業者が多数参入し、混沌とした状況となっています。

キャッシュレス決済への対応は、顧客の利便性の向上という面の一方で、消費者の購買データを分析し、マーケティング、商品開発、出店計画などに生かしたいという企業側の思惑もあり、さながら陣取り合戦の様相を呈しています。今後もポイント、マイレージ、電子マネー、QRコード決済などの事業者は消費者の「サイフ」を奪い合い、提携・買収などがくり返されていくと考えられます。

[13] 経済的価値の交換

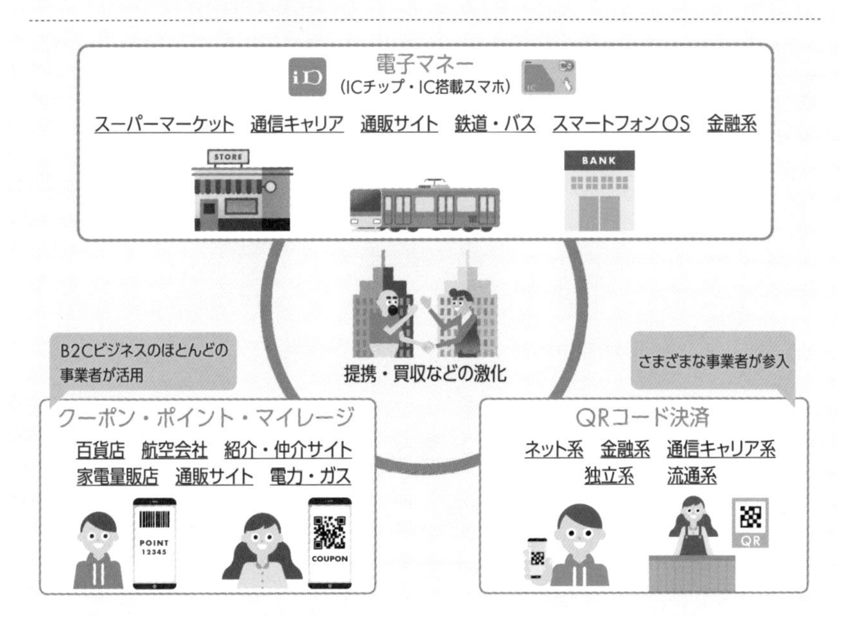

付加価値データの有償提供
～データの価値を高めて商品化する

自社のためにデジタル化したデータが、
他社や他業種の企業にとっても価値があることがあります。
データをビジネスの優位性向上に活用するだけでなく、
データやその分析結果を販売するビジネスモデルにも注目が集まっています。

◆オープンデータのビジネス活用術

付加価値のあるデータの有償提供は出版社や新聞社、企業情報データベース事業者などが従来行っていたビジネスモデルです。地域気象情報や株価に影響をおよぼす企業情報などは希少性や有益性が高いため、以前から有償で提供されていました。最近は、さらに高度なデータ分析を行ったり、複数のデータを組み合わせたりして新たな付加価値モデルを提供するビジネスが多数登場しています。

政府や地方公共団体がデータをオープンにする動きもあり、これらをビジネスや社会課題の解決に活用する事例も増えています。たとえば、不動産物件の情報サイトで、地方自治体が提供する公立小中学校の校区のオープンデータを利用して、物件を検索する際の条件に指定できるようにしている例もあります。

オープンデータとは本来、再利用に制約のない無償データを指しますが、複数のデータを組み合わせたり、分析したりすることで付加価値を高めて有償化することもできます。また、単にデータを有償で提供するだけでなく、さまざまな分野のデータを集約し、分析・活用のためのツールを組み合わせたサービスを提供している例も見られます。

◆データそのものが価値を生み出す

企業が社内に蓄積されるデータや独自に収集したデータを、他社に有償で提供したり、プラットフォームビジネスを展開する際に、そこに蓄積されたデータを他のビジネスに活用したりするといったことは、今後さらに活発化していくでしょう。自社にとっては有用でないと思われていたデータが、取引先や異業種の企業にとっては非常に有益で、お金を支払ってでも手に入れたいと考えるケースは珍しくありません。たとえば、自動車や電気機器などの最終製品のメーカーの生産計画のデータは、そこに部品や素材を納入するメーカーにとっては需要動向がわかる重要なデータです。鉄道やバスの曜日別や時間帯別の乗降者数のデータは、沿線の店舗にとっては繁忙を左右する重要なデータです。

料理レシピを紹介するCookpadのサイトには、よく閲覧される料理やキーワード検索で組み合わせが多い食材などに関するデータが日々大量に蓄積されます。同社は、こうした「食」に関するビッグデータの分析結果を食品メーカーなどに有償提供する「たべみる」というサービスを開始しています。まさにプラットフォームに蓄積されたデータを他のビジネスに活用した好例といえます。

[14] 付加価値データの有償提供

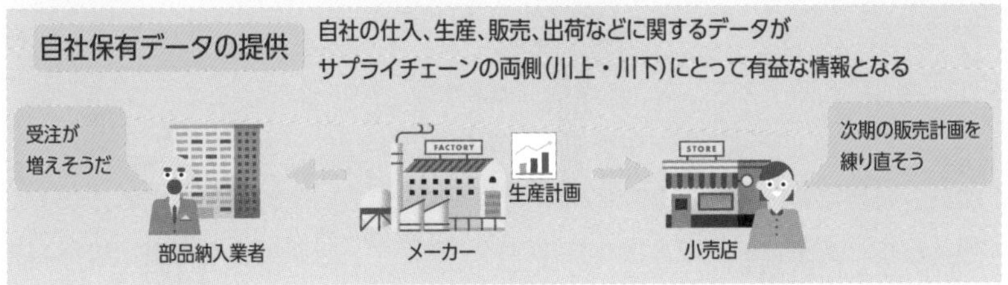

SECTION 15:

「つながり」に着目した7つのDX実践パターンとは?

あらゆる人と人、人と企業、企業と企業がつながることが
デジタル時代の特徴といえます。
つながることで、企業間のエコシステムが構築されたり、
利用者同士のコミュニティが形成されたりしています。

◆「つながり」に着目したDXとは?

昨今では人と人、あるいは企業と消費者のつながりに着目したユニークな情報仲介ビジネスが多数登場しています。本来、インターネットやWebサイトは情報の受発信を支援するものですから、新しく生まれてきたデジタルビジネスの多くが情報仲介モデルと言ってよいのも自然なことかもしれません。

そうした流れに呼応するかのように、大量消費の時代が終焉し、「モノ」や所有に価値を見出してきた時代から、モノの先にある「コト」へと価値が移り変わり、さらにはSNSに典型的に見られるように「コト」に対する「体験」や「共感」が重視される時代へと消費トレンドが進化しています。

サービスの連携・横展開は、既存の事業や業務をデジタル化することでデータの再利用性や連携性を高めたりすることができ、効率化と利便性の向上が見込まれるものです。

◆知っておきたい7つの実践パターン

「つながり」に着目したイノベーションとして、サービスの連携・横展開と情報仲介に含まれる以下の7つのパターンがあります。

①オンデマンド・サービス：従来の紙・手作業・郵送などでの業務をオンライン化し、必要なときに必要な分を利用できるようにして利便性を高める。

②優位な自社業務のサービス化：自社のバックオフィス系業務や事業系業務の優位性を生かしてサービス化し、有償で提供する。

③API エコノミー：APIの公開元が開発者に対してコンテンツやサービスを提供し、これを活用して新たなサービスの創出や付加価値向上を実現することで公開元の価値も向上する。

④アグリゲーション・サービス：複数のWebサイト内のコンテンツを1つのポータルサイトから閲覧できる。例：多数の金融機関の口座と連携し、資産管理や家計簿サービスを提供するアカウント・アグリゲーション

⑤マッチング・エコノミー：サービス提供者とサービス利用者を出会わせ、結びつける。

⑥シェアリング・エコノミー：サービス、人材、プロダクトなど、有形無形のモノや権利を共有し、必要なときに利用できるようにする。例：Uber、Airbnb

⑦キュレーターズ・セレクション：選択肢が非常に多岐にわたるために選びきれない利用者が、プロの目で選んだものをお任せで購入・利用する。

[15] つながりに着目した7つのDX実践パターン

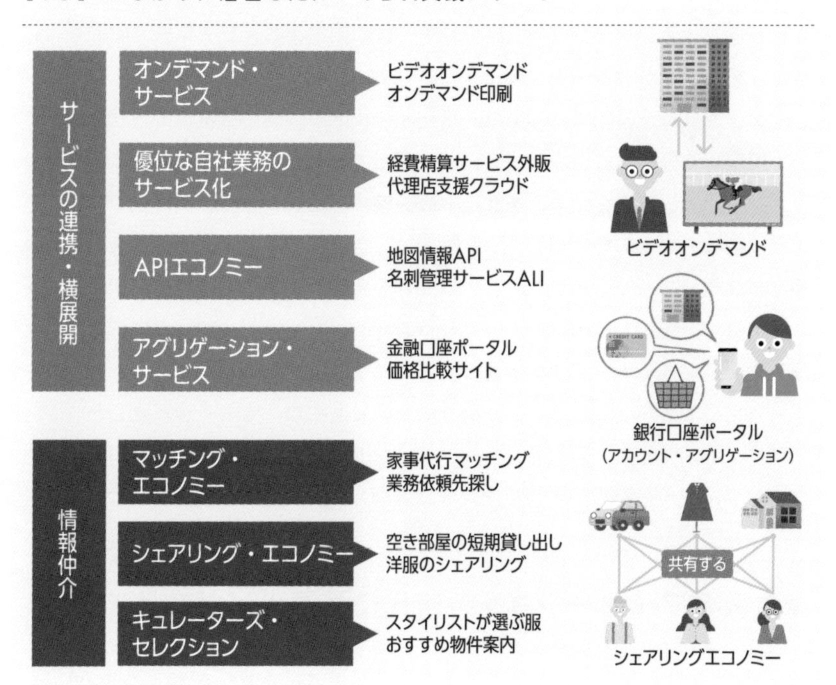

オンデマンド・サービス
～多様化するニーズに素早く応える

「つながり」に着目したDX実践パターンの中でも、
サービスの連携・横展開に分類されるものとして、
「オンデマンド・サービス」「優位な自社業務のサービス化」
「APIエコノミー」「アグリゲーション・サービス」の4つのパターンがあります。

◆必要なサービスを必要なときに無駄なく利用できる

オンデマンド・サービスは、紙ベース、手作業、郵送などで行っていた業務をオンライン化し、必要なときに利用できるように利便性を高めるものです。

オンデマンド（on demand）という言葉は「需要に応じて」という意味であり、オンデマンド・サービスといえば、好きなときに好きな映像コンテンツが観られるビデオオンデマンドや、必要な分だけ印刷できるオンデマンド印刷サービスなどを思い浮かべるかもしれません。

チケット事業を展開するぴあは、当初イベントや映画の情報を『月刊ぴあ』という情報誌で提供する出版社でしたが、店頭でチケットを印刷・販売する「チケットぴあ」サービスを始め、チケット販売業に転身しました。興行主がプレイガイドに紙のチケットを配布していた時代は、各店舗でチケットの売り切れや売れ残りが問題となっていました。ぴあはこれをオンライン化し、本部のデータベースに情報を一元化し、チケットぴあやコンビニエンスストアで注文に応じてチケットを印刷できるオンデマンド発券モデルに変革しました。これにより利用者も、空席を求めてあちこちのチケット売り場を探し回らなくてよくなりました。

受注に応じて仕入・製造を行うオンデマンドコマース、事前予約に応じて経路やスケジュールを決めるオンデマンドバスなどの公共交通も注目されています。

◆カスタマイゼーションの時代に最適のビジネスモデル

オンデマンド・サービスの最大の利点は、利用者が必要なときに必要なサービスを受けられることですが、提供者側にもメリットがあります。たとえばオンデマンド印刷では、注文に応じて少部数でも印刷でき、内容の差し替えなどにも柔軟に対応できます。そして、大量の在庫を抱える必要がなく、保管スペースも小さくてすみます。オンデマンドバスは、顧客からのリクエストがないときには運行する必要がないため、空で走らせるという無駄をなくすこともできます。

また、利用者の個別の要求に応じて商品やサービスをカスタマイズすることも可能です。たとえば講談社は、学術文庫の文字が小さくて読みづらいという読者に向けて、専用サイトで指定した文庫の版面を拡大して印刷・製本し届ける「大文字版プリントオンデマンド」というサービスを提供しています。オンデマンド交通では、要望に応じて顧客をドアツードアで運ぶことができます。

オンデマンドは、まさに大量生産大量消費の時代からマスカスタマイゼーションの時代への転換に対応するビジネス形態といえます。

[16] オンデマンド・サービスの提供

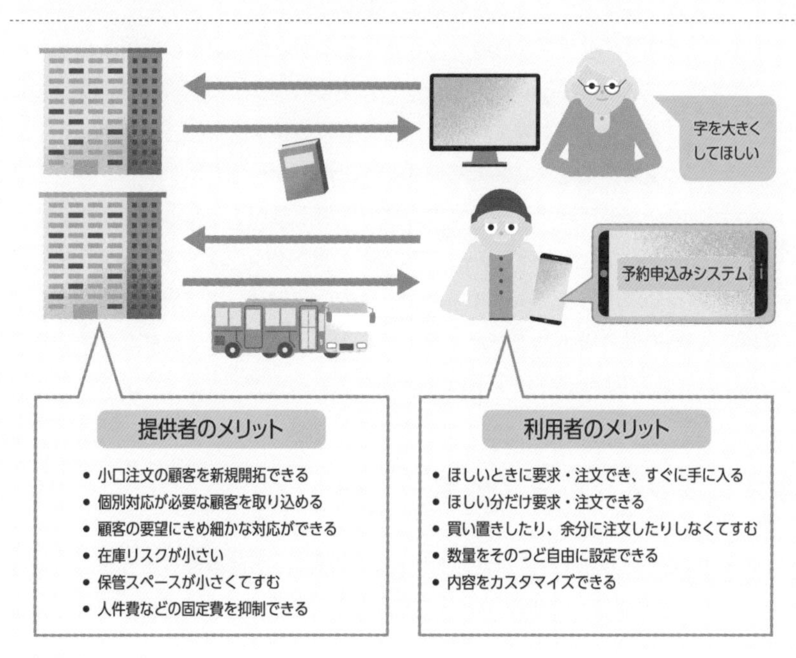

優位な自社業務のサービス化 〜自社の強みを最大限に生かす

自社の社内向け業務やビジネスのために開発したシステムや
蓄積したノウハウをサービス化して有償で提供する動きがあります。
このような事業展開により、一般企業がクラウドサービス事業者や
アウトソーシング事業者になったり、別会社を設立したりする例も出はじめています。

◆社内向けの仕組みを事業化する

食品大手の日清食品ホールディングスは、JR東日本と協力して、ICカード乗車券Suicaの利用履歴データを活用した経費精算サービスを開発し、他の企業に販売する新規事業を起ち上げています。同社は、Suicaのデータベースから利用日時・経路・金額のデータを抽出し、SuicaとEXコーポレートカードの両データを重複せず適切に処理するシステムを構築しました。

当初は日清食品グループ独自のシステムでしたが、他企業での活用もカスタマイズで十分に対応可能として、JR東日本では本格的にサービスに乗り出すこととし、いくつかの企業が同システムの導入を決めています。

Amazonのクラウドサービスである AWS(Amazon Web Services)は、もともとは自社のショッピングサイトでの大量の取引を処理するために社内のシステム基盤として構築されたものです。また、GEの産業用ソフトウエア・プラットフォームであるPredixも、当初はGEグループの産業機械、医療機器、航空機などの製造で個別に取り組まれていたIoTに関するデータ管理・分析などのサービスをクラウド化し、他社向けに事業化したものです。

◆オープン&クローズ戦略

AmazonやGEのように、自社が保有するノウハウや技術をコアなものとそうでないものとに分けて、前者については秘匿(クローズ)し、後者については他に提供(オープン)する方法を「オープン&クローズ戦略」と呼び、注目されて

います。

今後、多くの企業でDXが推進されることで、それぞれの企業の経営資産であるデータやソフトウェアといった「デジタル資産」が数多く生み出されることでしょう。従来型のビジネスを行ってきた企業では、長年にわたり、特許や著作権を生かして巧みに利益を生み出してきたかもしれませんが、新たに創出されるデータやソフトウェアについては、収益化する仕掛けがなかったり、不十分であったりすることが多いのではないでしょうか。

これまでは、「自社向けに開発したシステムは自社だけで使う」というのが常識でした。しかし今後は、差別化や優位性の源泉となっている部分はしっかりと保護しつつ、そうでない部分は事業化していくことも視野に入れるべきでしょう。それによって新たなプラットフォームビジネスの創出や、他社を巻き込んだエコシステムの構築といったビジネスチャンスをつかむ可能性が生まれます。

[17] GEのオープン戦略

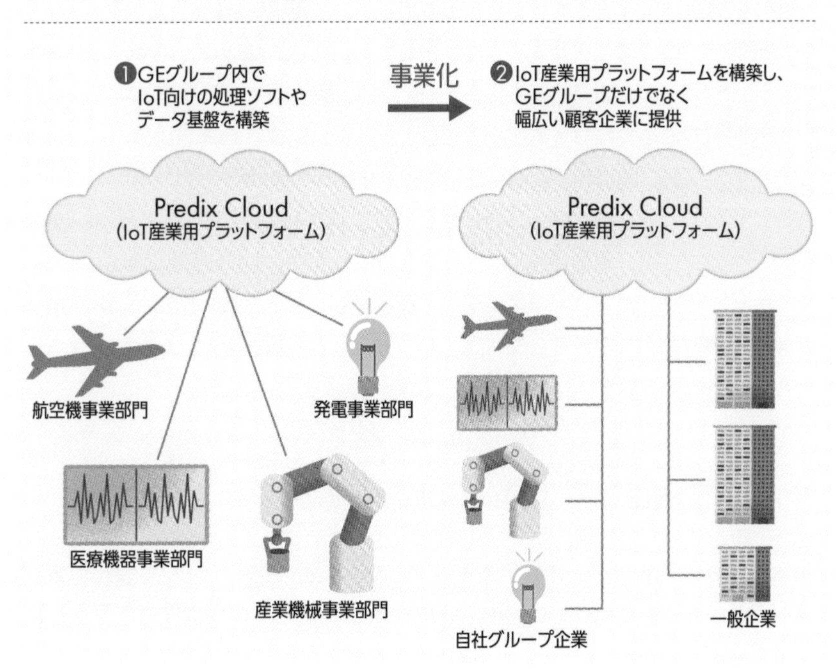

APIエコノミー ～低コストでスピーディーに新サービスを実現

自社システムのAPIを公開し、他社と連携することで
付加価値を高めることができます。
また、政府・自治体や民間企業が保有するシステムやデータベースのAPIを公開する動きが
活発化しており、それらを活用した新たなビジネスが生み出されています。

◆多方面で公開が進むAPI

APIエコノミーは、自社のアプリケーションやサービスのAPI(Application Programming Interface)を公開し、他社がこのAPIを活用して新たなサービスを開発・提供することで、元のサービスや情報の付加価値を高めるような経済活動、またはそれによって形成されたビジネス商圏を指します。

APIの概念自体は決して目新しいものではありません。APIとは、ソフトウエアの機能を、他のプログラムから呼び出して利用する方法のことです。これ自体は、社内システムの開発などで当たり前のように使われてきた考え方です。

それがあらためて注目されているのは、APIを公開する動きが活発化しているからです。楽天、はてな、ぐるなび、マピオンなどのWebサービス事業者だけでなく、官公庁、地方自治体、民間企業なども続々とAPIを公開しています。気象、災害、交通、地図、郵便番号、ニュースといった情報コンテンツ、認証、メッセンジャー、カレンダー、テキスト解析、決済といったサービスなど、一般企業にとっても便利なAPIが多数公開されており、これらの機能をゼロから開発することなく、自社のシステムやWebサイトに組み込めます。

◆APIを活用してエコシステムを構築する

アメリカの大手ドラッグストアチェーンWalgreens社は、8,000店舗で写真プリントサービスを展開しています。同社では、デベロッパーが開発するアプリにWalgreensの店頭でプリントする機能を組み込めるように、APIを公開していま

す。デベロッパーがAPIを利用する動機づけとして優れている点は、売上を分配して同社とデベロッパー双方がメリットを得られるビジネスモデルになっていることです。デベロッパーが開発したアプリを使って消費者がプリントすると、売上の15%が支払われる仕組みになっています。Walgreens社はAPIを公開することで写真プリントの売上向上に加え、来店者数の拡大も期待できます。

APIエコノミーを実現するビジネスモデルは非常に多様ですが、大別すると下図のように直接課金型、収益分配型、サービス補完型の3タイプがあります。

[18] APIエコノミーの3タイプ

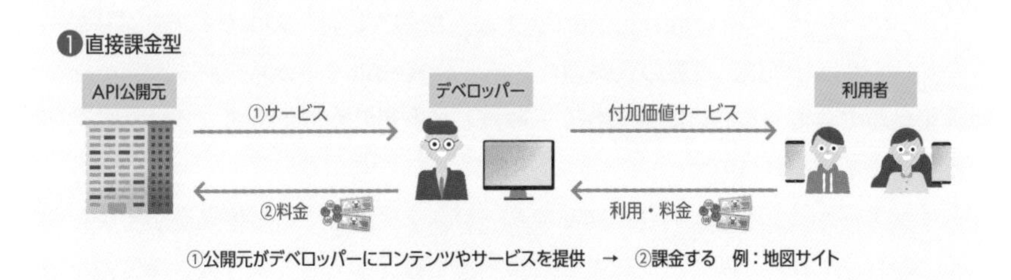

①公開元がデベロッパーにコンテンツやサービスを提供 → ②課金する　例：地図サイト

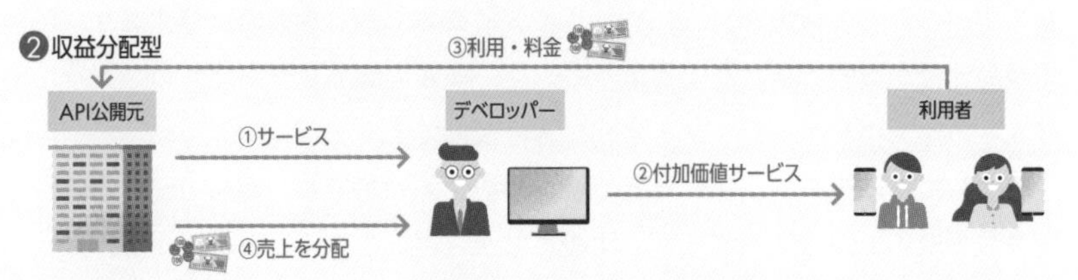

①公開元がデベロッパーにコンテンツやサービスを提供 → ②デベロッパーが開発したサービスで利用者が集まる → ③広告収入や売上が増加 → ④その収益をデベロッパーに分配する　例：Walgreens

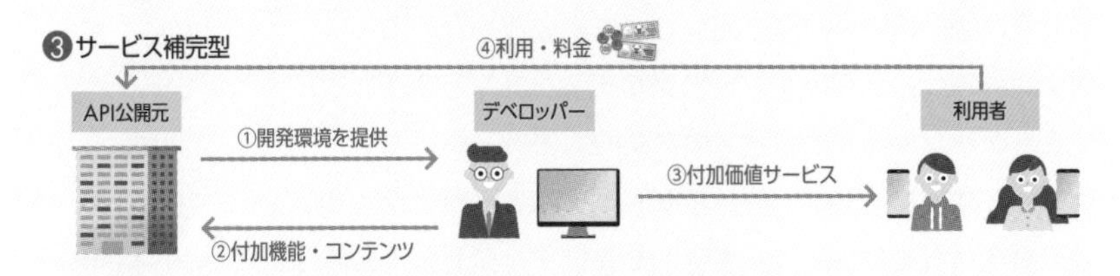

①公開元がデベロッパーに開発・制作する環境を提供 → ②デベロッパーが魅力あるコンテンツやサービスを開発 → ③公開元のサービスやブランド価値が向上 → ④収益が増大　例：配送連携API

アグリゲーション・サービス ～情報を集約して価値を高める

アグリゲーション・サービスとは、
複数の企業が提供するサービスや散在するデータを集積し、
1つのサービスとして利用できるようにしたもの。
価格比較サイトや資産管理アプリなどがあります。

◆ネット上に散在する情報をまとめて見せる

「アグリゲーション（aggregation）」とは「集約」という意味です。アグリゲーション・サービスは、複数の企業のシステムやWebサイトからデータやコンテンツを集めてきて一元的に閲覧したり、連携して利用したりできるようにして利便性を高めるサービスです。

インターネット上には同様の商品やサービスを提供している事業者が多数存在しており、それらに関する情報を1つ1つ自分で確認することには大きな労力を要します。これらの情報を1つのWebサイトに集めて一覧や検索ができたり、価格や製品仕様が比較できたりするようにして、顧客の商品やサービスの選択を手助けするのがアグリゲーション・サービスの役割です。

例として、ホテルやツアーなどの旅行予約、不動産情報、商品の価格情報などを多数のサイトから集めてきて、比較しながら選択できるサービスが挙げられます。選んだ記事によって利用者の好みを把握し、それに見合ったニュースやブログ記事を自動的に集めて配信するサービスもあります。

複数の金融機関の口座と連携し、資産管理や家計簿サービスを提供するマネーフォワードは、アカウント・アグリゲーションと呼ばれるビジネスモデルであり、アグリゲーション・サービスの典型的な事例といえます。

マネーフォワードは、毎日の収入と支出の傾向を見える化するだけでなく、家計や資産状況を分析してレポートを提供するなどして利便性を高め、月額課金制の有償サービスも提供しています。

◆情報源を惹きつける仕組みが必要

アグリゲーション・サービスを展開するためには、情報の提供元の協力が必要となります。たとえば価格比較サイトの価格ドットコムは、すべての商品の価格情報をみずから収集しているわけではありません。価格ドットコムでは、100万点以上の商品をリストアップし、該当する商品を取り扱っているショップ事業者が自社で売りたい製品を選んで価格情報を掲載するようにしています。そして、ショップ事業者からクリック数や販売実績に応じた手数料収入を得ています。

つまり、ショップ事業者にとっては、購買意欲が強く、価格に敏感な消費者にダイレクトにアピールできることがメリットとなっており、重要な広告宣伝手段となっているということです。

有力なアグリゲーション・サービスになれば多くの利用者が集まるので、提供元にとっても集客や訴求の重要なチャネルとなり、メリットが高まります。

[19] アグリゲーション・サービスの例

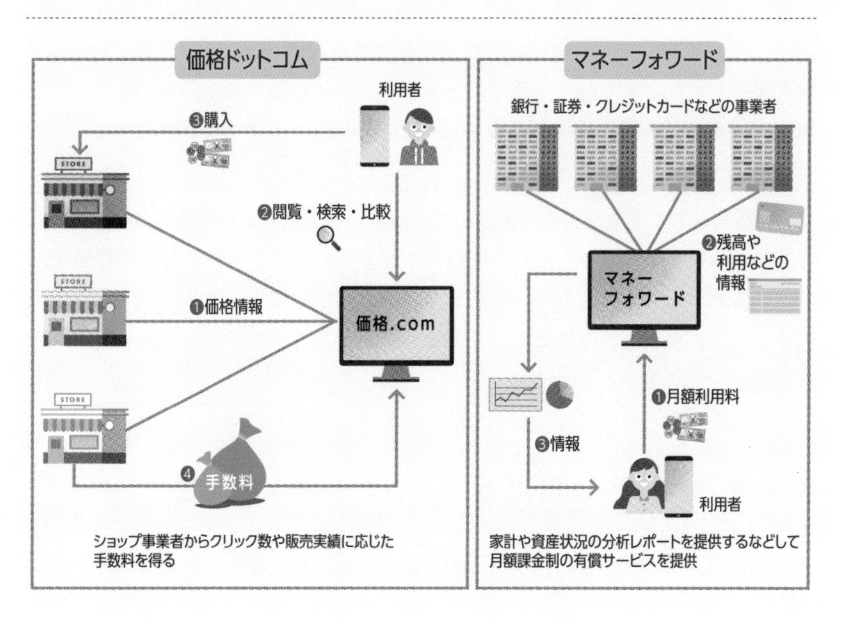

マッチング・エコノミー
～出会う場をデジタルで提供する

「つながり」に注目したDX実践パターンの中でも、
情報仲介に分類されるものとして「マッチング・エコノミー」
「シェアリング・エコノミー」「キュレーターズ・セレクション」の
3つのパターンがあります。

◆デジタルが出会いに付加価値を与える

最近、人と人、あるいは企業と消費者のつながりに着目したユニークな情報仲介のビジネスモデルが多数登場しています。

マッチング・エコノミーは、サービスの提供者と利用者を結びつけるもので、企業同士（B2B)、企業と消費者（B2C)、消費者同士（C2C）などの形態があります。需要側と供給側の双方の調整を行い、取引や販売を仲介します。一般的には、マッチングの結果としてモノの貸し借りなどを行うことが多いことからシェアリング・エコノミーに分類されることもありますが、ここでは資産の共有（貸借、譲渡・譲受）がないものをマッチング・エコノミーに分類しています。

国内のサービスで、家事からペットの世話、掃除、料理、家具組み立てまであらゆる家庭の困りごとに対して、ご近所さんにインターネットで気軽にお手伝いを依頼できるマッチング・エコノミーがエニタイムズです。これは、人の役務（労働時間）を共有するという見方をすれば、シェアリング・エコノミーの要素を持っているといえます。ストリートアカデミーは語学や資格の勉強、スポーツや料理などさまざまな分野の知識やスキルを教えたい人と学びたい人をつなぐサービスを提供しています。

◆消費者同士をつなげることもビジネスになる

マッチング・エコノミー自体は、職業紹介、結婚相談所など従来も存在していましたが、デジタル化によって探しやすさや閲覧性を向上させ、新しい顧客価値を提供できるようになっています。また、紹介手数料だけでなく登録料や広告料といった収益源やビジネスモデルを変革する事例もあります。

さらに、前出のエニタイムズのように、これまで存在しなかった領域でのマッチングを実現するものは、市場そのものを創出したといえるでしょう。

不動産仲介や職業紹介を提供してきた従来の事業者も、インターネットを活用して検索や比較のしやすさを向上させたり、動画コンテンツを掲載して案内を充実させたりしています。しかし、SNSの普及などによって消費者同士が容易につながり合えるようになったことで、C2Cのマッチング・エコノミー市場が生まれ、一般消費者がサービス提供側に立つ場面が増えています。つまり、企業にとって消費者は「お客様」というだけでなく、ライバルになる場合もあるのです。

[20] マッチング・エコノミー

	デジタル以前	デジタル時代
B2B	• 展示会 • ビジネスマッチングイベント 例：全国中小企業振興機関協会	• 商材・サービス・マッチング 例：WizBiz • システム開発会社探し・比較サイト 例：発注ナビ
B2C	• 不動産仲介 • 人材紹介会社	• 不動産マッチング 例：Value • 求人・求職マッチング 例：WANTEDLY
C2C	• フリーマーケット • 家政婦紹介所	• フリマアプリ 例：メルカリ • 家事代行マッチング 例：タスカジ

サービス提供者

サービス利用者

シェアリング・エコノミー ~「所有」から「共有」へのシフトが進む

シェアリング・エコノミーは、
有形無形のモノや権利を共有し、
必要なときに必要な人が利用できるようにするもので、
消費者同士のC2Cの形態が多く見られます。

◆国内でも台頭するシェアリング・エコノミー

シェアリング・エコノミーの事例はUberやLyftなどのライドシェア(一般ドライバーが自家用車を使い、有料で送迎するサービス)、民間宿泊サービスAirbnb、クローゼットに眠っている衣服を貸し出せるStyle Lend、レジャー用ボートを共有するBoatboundなど多岐にわたります。国内では、使っていない時間帯の駐車場を貸し出すAkippaや軒先パーキング、会議室やイベント会場を共有するスペースマーケットなど、狭い国土を反映してか、場所を共有するものが多いのが特徴と言えるかもしれません。たとえば、店舗や飲食店の駐車場は、営業日にはフル稼働しても、定休日は遊休施設となります。所有者の都合を反映して貸し出せることも、シェアリング・エコノミーの魅力です。

次々と登場するシェアリング・エコノミーのビジネスがすべて成功を収めるわけではありません。シェアリング・エコノミーのビジネスが最も適合するのは、保有コストが高く、所有者側の稼働率や利用頻度が低い領域でしょう。この領域の市場は今後、さらに拡大していくことが予想されます。

◆シェアリング・エコノミーを自社のビジネスに取り入れる

シェアリング・エコノミーの台頭は既存企業にとって脅威と捉えられがちですが、「自社でも活用できないか」という視点で検討することが推奨されます。「自社で所有している設備・機器などは本当に所有しなければならないのか」「顧客対応、配送、デザイン、翻訳などの人的サービスを外部から調達することはできないか」といった検討も有効となるでしょう。従業員が実行している機能を、公募して不特定の人々のネットワークにアウトソーシングするクラウド・ソーシングは、役務という無形価値のシェアリング・エコノミーでもあります。

さらに、自社がシェアリング・エコノミーの事業者となる可能性も考えられます。自社の製品・サービスで売り切り型ではなく、必要なときに利用できる提供形態にできるものはないか、あるいは保有する設備・機器、本業のための周辺サービス（物流、設置、保守など）を、他社や消費者に供給して新たな収益源にできるものはないかといった視点で、自社の事業や業務を見直すことが重要です。

また、自社のコア事業の周辺領域でシェアリング・エコノミーを展開することで新たな需要が喚起され、既存事業の拡大に寄与する可能性も考えられます。

[21] シェアリング・エコノミーに適したもの

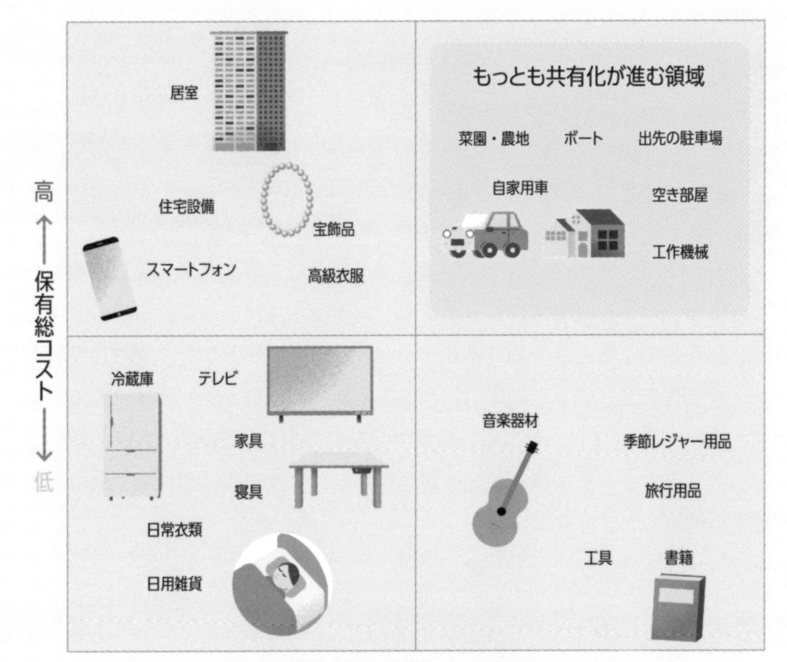

キュレーターズ・セレクション ～「私」に合うものをプロが選んでお届け

キュレーターズ・セレクションは、
プロの目で選んだものを購入・利用するサービスで、
多様化する顧客ニーズと多岐にわたる選択肢という背景から
注目を集めています。

◆情報が氾濫する中で求められる「目利きの力」

インターネットの世界では、Webサイト上の情報を収集してまとめたり、つなぎ合わせたりして新しい価値を持たせることを「キュレーション」と呼びます。これは、美術館や博物館、図書館の学芸員を意味する「キュレーター（curator）」から来ているといわれています。

ネット上に氾濫する情報の中から、信頼できる情報、好みの商品、自分のライフスタイルに合ったサービスやメニューを選別することは容易ではありません。そうした中で生まれたサービスに、たとえばTwitterのつぶやきをまとめるTogetterや、検索サービスNAVERが提供する「NAVERまとめ」などがあり、氾濫するインターネット上の情報を選別して受け取ることができます。

また、ネットショップには膨大な商品が掲載されているため、自分の知識だけでは選びきれないこともあります。そうした中で、目利きの書店員がおすすめの書籍を紹介してくれたり、スタイリストがコーディネートした洋服を月額料金でレンタルできたりといった、専門家が選択を助けてくれるサービスも出てきています。たとえば、airClosetでは、自分の好みやサイズを登録すると、月額定額制でプロのスタイリストが選んだ洋服が毎回届き、交換回数は無制限、気に入った服は買い取ることもできます。

◆他の実践パターンと組み合わせたキュレーションの展開例

キュレーターズ・セレクションと先述の「オンデマンド・サービス」（P.70参

照）を組み合わせたビジネスモデルも考えられます。アパレルメーカーのレナウンでは、スーツやシャツ、ネクタイなどをコーディネートしたセットを、衣替えの時期に合わせて半年ごとに届け、使い終わったセットはクリーニングして保管の上、2年目に再度届ける月額料金制の「着ルダケ」というサービスを提供しています。

また、キュレーターズ・セレクションと「アグリゲーション・サービス」（P.76参照）を組み合わせたビジネスモデルも考えられます。国内外90以上のメディアから経済ニュースを配信するNewsPicksは、ニュースを各業界の著名人や有識者がつけたコメントとともに読めるニュースアグリゲーションサイトですが、自分が気になる「企業名」や「業界」などのキーワードを設定したり、特定のユーザーをフォローしたりすることで、興味にマッチしたマイニュースが作成できます。

［22］キュレーターズ・セレクションの例

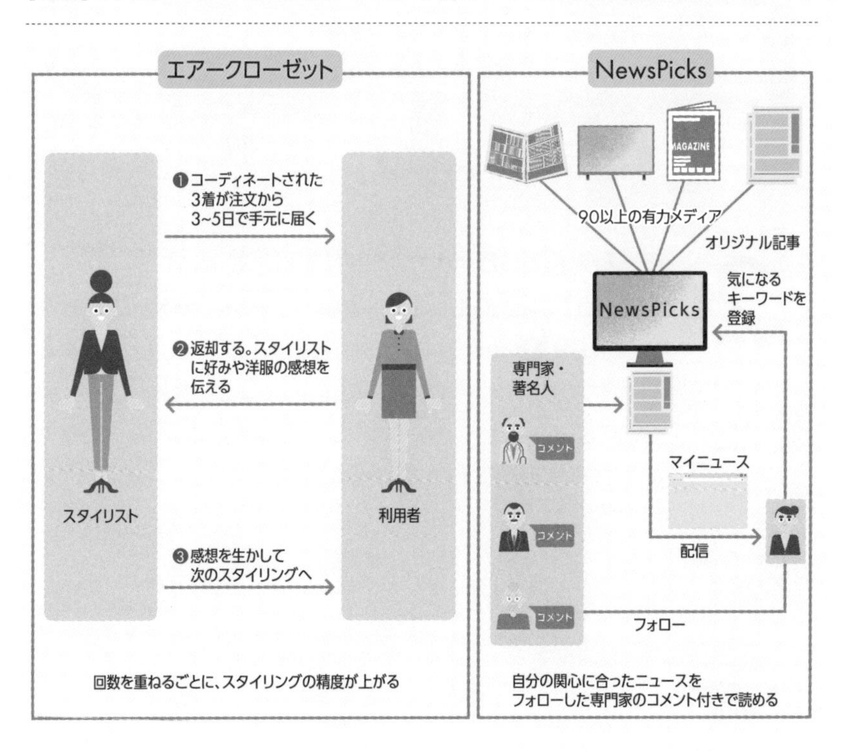

DXを実践するためのポイントとは?

1 「どの領域でDXを実践するのか」を決める

DXの目的は先端技術の導入ではなく、あくまでもビジネス・業務の変革です。したがって、具体的に「どのビジネス・業務をどう変革するのか」という方向性を明確にすることから始めます。対象となる領域は、「提供価値」と「事業・顧客層」によって、おもに4つに分けられます。

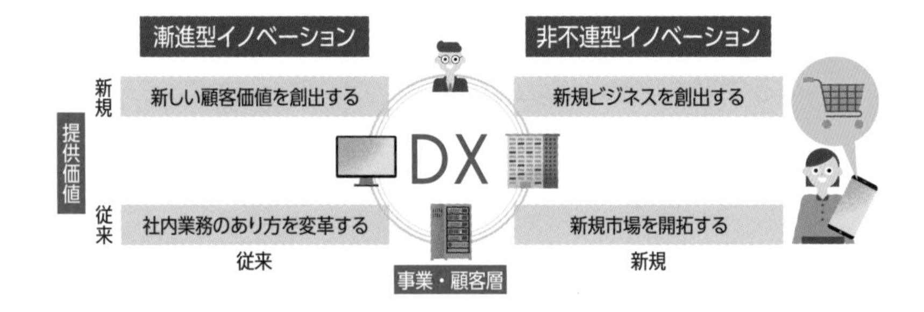

2 デジタル化の「4つの潮流」に対応する

注目すべきDXの潮流として、「社会・産業のデジタル化」「顧客との関係のデジタル化」「組織運営・働き方のデジタル化」「デジタル化に対応したビジネス創造」という4つの方向性があります。それぞれに対応し、自社の発展を確実にするためには「ビジネストランスフォーメーション」「カスタマーエンゲージメント」など、4つの領域で対応することが求められます。

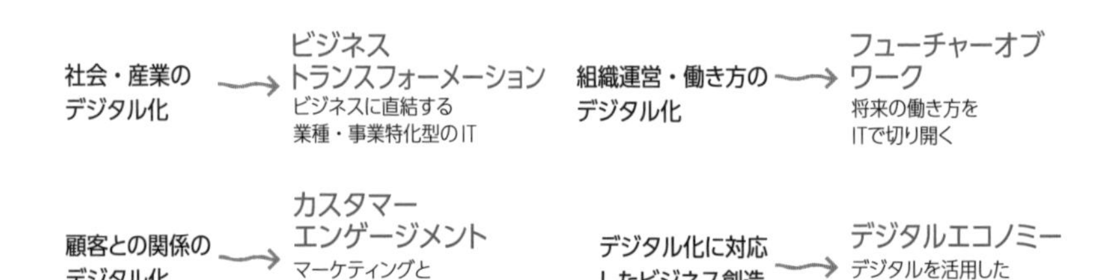

PART2では、企業が時代の変化に対応し、確実に発展していくためにはどうDXを実践するべきか、具体的なポイントを紹介しました。その内容をおさらいしましょう。

3　DXの実践パターンは、おもに2つに分けられる

DXの実践パターンは大きく、「データ」に着目するものと「つながり」に着目するものに分類されます。前者はIoTや3Dプリンタなど、デジタル技術の進展で活用可能になったデータに着目する変革方法、後者は人や企業がSNSなどデジタルでつながれるようになったことに着目する変革方法です。

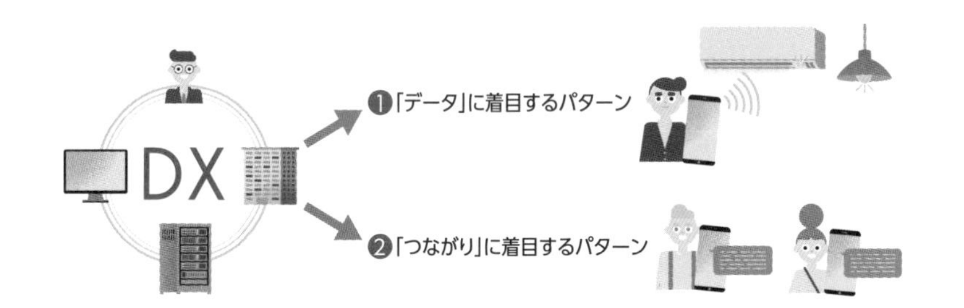

4　押さえておきたい14の実践ヒント

DXを実践するといっても、何から始めたらいいのか、よくわからない場合もあるかもしれません。ヒントになるのは、本書で紹介したDXの実践パターンです。大きく「データ」に着目する方法と「つながり」に着目する方法の2つに分かれ、それぞれおもに7つの方法があります。合計14のパターンを組み合わせれば、さらに多様な選択肢が生まれます。

❶「データ」に着目した7つのDX実践パターン

①モノのデータ　②人のデータ　③画像・音声のデジタル化
④有形物のデジタル化　⑤デジタルコンテンツ活用基盤
⑥経済的価値の交換　⑦付加価値データの有償提供

❷「つながり」に着目した7つのDX実践パターン

①オンデマンド・サービス　②優位な自社業務のサービス化
③APIエコノミー　④アグリゲーション・サービス　⑤マッチング・エコノミー
⑥シェアリング・エコノミー　⑦キュレーターズ・セレクション

COLUMN | DXの小噺②

「改善」「拡張」を超える“ゼロ発想”を手に入れる

以前、ドイツで地下鉄に乗ろうとして、改札機がないのに驚きました。券売機はあるのですが、改札はなく、そのままホームに行くことができます。話を聞くと、ときどき見回り員が来て、切符を持っていない人は罰金を徴収されるそうです。高額な改札機の導入や保守費用と、無賃乗車やキセルによるリスクマネーを天秤にかけて、後者を選択したのでしょう。結果として、顧客にとっても快適な体験を提供しているといえます。改札機の性能を高めることに猛進していると、この発想は生まれません。

デジタルの世界では、顧客を中心に据え、顧客体験を完璧なものにすることに力を注ぐことが求められます。従来の多くの企業でも「顧客第一」は重要戦略としてうたわれていますが、スローガンとして掲げることと、顧客体験を起点にゼロから商品やサービスを発想することには根本的な違いがあります。

たとえば、小売店における無人レジやレジなし店舗への取組みを考えてみましょう。日本でもスーパーマーケットやコンビニエンスストアで実証実験が盛んに行われていますし、セルフレジも普及してきています。国内におけるこれらの取組みの多くは、小売業の人手不足という課題を解決する手段であり、省力化を目指したものです。一方で、アメリカでAmazonが展開するレジなし店舗のAmazon GOは入店から商品選び、そして決済までの顧客の買い物体験をいかにシンプルで快適なものにするかに焦点が置かれています。根本的に発想が違うのです。

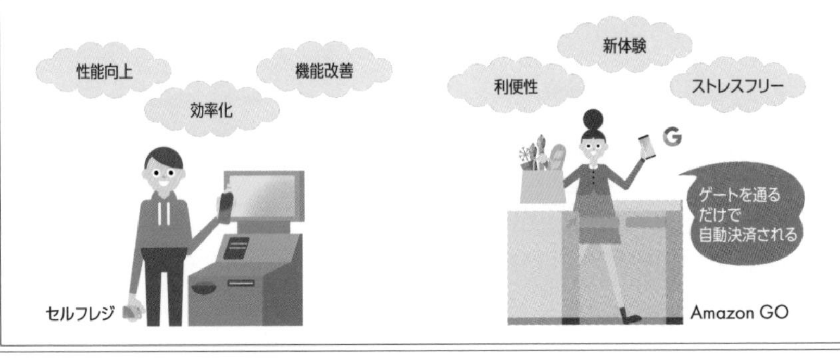

PART 3

DXで求められる企業内変革とは?

SECTION 01:

DXの環境整備に欠かせない5つの企業内変革

DXを推進する環境が整っている企業は、多くはないのが現状です。
DXの実践的な取組みを進めながら、
同時に企業内変革を断行して
環境を整えていく必要があります。

◆DXに必要な企業内変革

DXに向けて求められる企業内部の変革は多岐にわたります。とりわけ伝統的な大企業には長年つちかってきた企業文化や事業における成功体験があるため、変革には大きなエネルギーを必要とします。

従来の価値観との齟齬（そご）、長年通用してきた社内の常識、既存の資産やプロセスに対するこだわりなど、変革を阻害する要因は多数存在します。

DXを推進するにあたって必要となる企業内部の変革には、「意識」「組織」「制度」「権限」「人材」の5つがあります。これら5つの変革はいずれも大きな労力を必要としますし、互いに関係しており、1つだけをレベルアップすればよいというものではありません。また、これらは「足し算」ではなく「かけ算」の関係になっており、どこかのポイントが欠けるとすべてがゼロになってしまいます。

たとえば、改革に向けた意識を強く持っていたとしても、組織体制や人材がそろっていなければ実際の取組みは進みません。立派な組織を設置し、外部から優秀な人材を集めたとしても、権限や制度がついてこなければ彼らが活躍してDXを推進することは困難です。

◆最初の推進者はパイオニアになる覚悟も必要

多岐にわたる変革を実行してDX推進の体制や環境を整えることは、決して容易ではありません。そのため、最初の推進者には、具体的なDXの実践を遂行しながら同時に環境を整えていくというパイオニアとしての覚悟が求められることになります。

ここで挙げた5つの変革のうち、組織・制度・権限は会社の枠組みであるためトップダウンの変革が求められますが、裏を返せば経営者層の意識が高まって一定の手続きを踏めば、1日で変えることも可能といえます。

一方、全社員の意識改革や人材の確保・育成には時間と労力を要しますが、一人ひとりがボトムアップで取り組める活動もあります。まずは個人や小規模な組織が一歩を踏み出し、全社的な取組みへと拡大・昇華させていく地道な活動を積み重ねることから始めなければなりません。そうした活動を通じて、理解者や協力者を増やし、組織・制度・権限などの環境が整えられていくことで、個人の活動が支援されるというスパイラルを築いていくことがデジタル・ジャーニーと呼ばれる長い道のりの進み方といえます。

[01] DXの環境整備に必要な5つの企業内変革

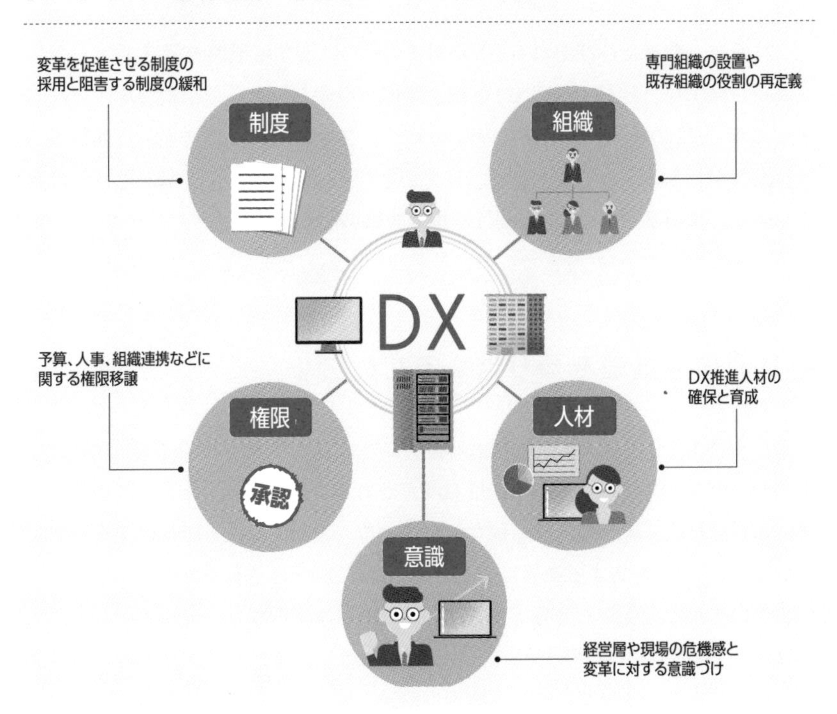

SECTION 02:

意識の変革
〜最初の一歩であり、すべての土台

DXの推進に向けて求められる企業内部の変革は多岐にわたりますが、
最初に必要となるのが経営層、事業部門などにおける
危機感や変革意識であり、
これが企業全体の変革への姿勢のベースとなります。

◆DXに対する意識変革の必要性

「経営陣はデジタル技術やITに疎く、DXの重要性を理解していない」
「事業部門はこれまでのやり方を変えようとせず、DXに消極的だ」
「DX推進担当に任命されたが、そもそもなぜDXが必要なのかがわからない」
「IT部門は現行システムの保守・運用で忙しく、DXにさく時間がない」
これらは、たびたび聞かれるDXに対する意識に関する不満の声です。
ある企業では、社長の発案でDX推進組織を設置し、数名の精鋭が専任となりましたが、DXの重要性が社内で周知されず、孤軍奮闘しています。推進組織には特別な予算や権限も与えられず、従来の社内ルールに従って活動しなければなりません。事業部門はDXの必要性や推進組織の活動を理解していないため、「忙しくて協力できない」「付き合っている余裕はない」とまで言われる始末です。

◆意識の温度差を乗り越えるために

業界や企業によってDXへの取組み姿勢はさまざまです。1つの企業の中でも、部門や役職などによっても意識には温度差があります。また、仕事への姿勢、企業への帰属意識、専門性、価値観などによって、革新的な人もいれば保守的な人もいます。「自社が属する業界はデジタルとは縁遠い」「これまでも成功してきたし、このままで大丈夫」と考える人がいることも事実です。
DXに対して最初に行動を起こすのが経営者の場合もあれば、ビジネスの最前線にいる営業部門や事業部門の中間管理職層の場合もあります。あるいはテクノ

ロジーの動向を理解するIT部門が声をあげることもあるでしょう。「DX推進チームを設置して事業部門を巻き込もうとするが、現状の事業・業務が優先され、協力が得られない」「現場ヒアリングなどを行って課題・ニーズを探そうとするが、現場に問題意識がなく、何も出てこない」といった事態が散見されますが、それは変革の重要性への認識が広がっていないためです。こうした状況を打開するには、社内の意識改革を促進する情報発信や啓発的活動が求められます。

誰かが高い意識を持って最初のひと転がりを起こさなければ何も始まりません。そして、具体的な経験や成果を積み上げながら社内を啓発し、その輪を徐々に広げ、全社的な意識改革につなげていくことが求められます。最終的には、DXが企業風土といえるほど浸透し、誰もが意識するまでもなく日常の業務として取り組んでいる状態が目指すべき意識レベルといえます。

[02] DXに向けた「意識の変革」の必要性

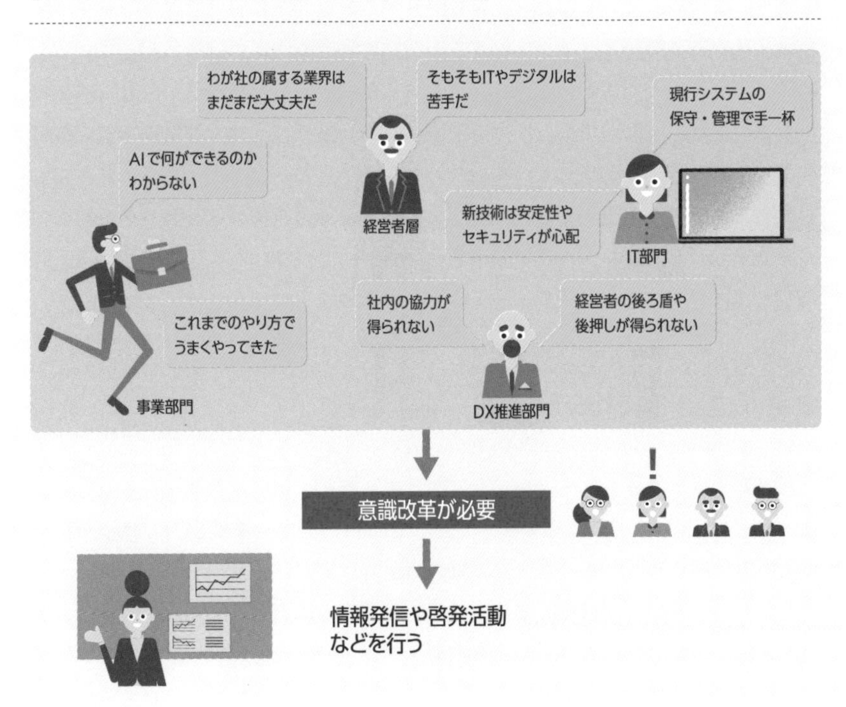

SECTION 03:

社内に意識変革を起こす3つの方法

変革への意識の向上および社内全体への
拡大に向けた具体的な方策としては、
「啓発型アプローチ」「参加型アプローチ」「対話型アプローチ」
の3つのタイプが考えられます。

◆啓発型アプローチ

社内セミナーの開催、イントラネットや社内SNSを用いた情報発信、先進事例の勉強会、IT企業による技術のデモンストレーションの実施などが考えられます。経営者が期首のメッセージを発信する際などに社内外にDXの重要性を訴えたり、積極的に取り組んでいくことを宣言したりするのも非常に有効なアプローチです。

経営者や事業部門スタッフは日ごろから技術動向や先進事例を注視しているわけではなく、AIやIoTが何を実現してくれるかをイメージできないことも多いでしょう。また、現場のスタッフは事業のあり方や業務の進め方に疑問を抱いておらず、変革の必要性を感じていないかもしれません。一方、将来を見すえて経営や事業における課題を認識していたり、目指す未来像を描けたりしているものの、実現手段としてのデジタル技術の可能性に気づいていない人もいるでしょう。啓発型アプローチによって、デジタル活用への気づきを喚起することができます。

◆参加型アプローチ

社内アイデア公募やワークショップなどを実施し、幅広く参加を募ることで、DXを自分事として考える機会をつくることが目的です。事業部門では、デジタル技術の活用に関心があったり、現場の問題解決における活用シーンを思いついたりしているものの、日々の業務や短期的な採算の観点からせっかくのアイデアが埋もれていることがあります。参加型アプローチは、そうした潜在的なニーズを拾いあげる機会にもなります。ワークショップなどの参加型アプローチは、教育研修や社内啓発という位置づけで行われることも多いですが、その中から実際のデジタル活用の種が見つかることもあります。ある企業で、若手社員向けワークショップで既存製品を題材とした応用ビジネスを考えるアイデア創出を行ったところ、事業部門に提案できる有望なアイデアが出てきたこともあります。

◆対話型アプローチ

デジタル技術の活用に関する社内相談窓口を設置するなどの公式な対応に加えて、日ごろの対話の中で意識づけするなどの取組みが考えられます。相談先がわからないような問題の解消も重要だからです。ある企業では相談窓口の設置を社内に告知したところ、これまで事業部門の中で埋もれていた案件や個人の頭の中にしまいこまれていたアイデアの種が多数寄せられるようになったそうです。

[03] 意識改革のための3つのアプローチ

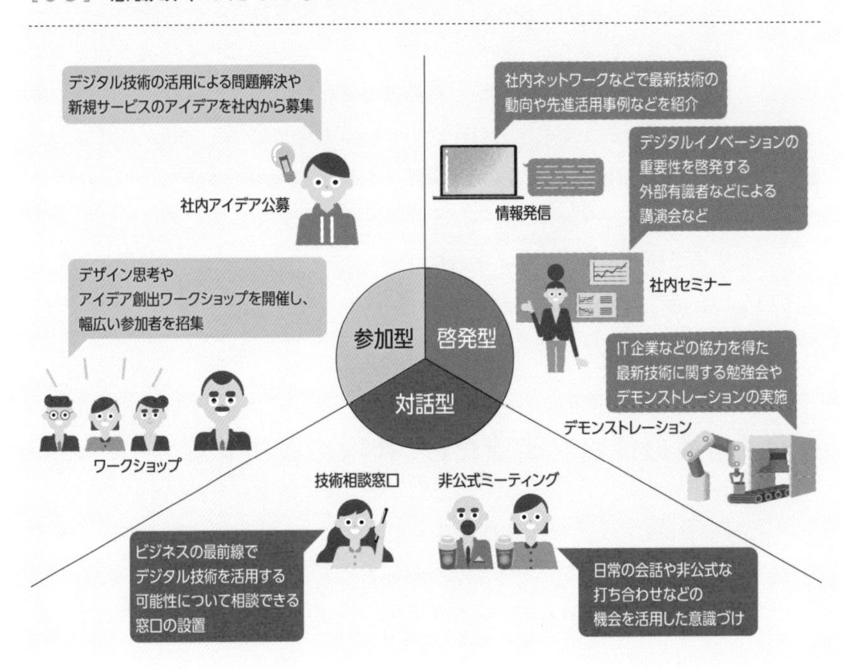

SECTION 04:

組織の変革 ～DXを全社に広げるベースづくり

DXを実践するためのアイデアを出し、実現していくためには、
これを推進する組織体制が必要となります。
また、DX推進のための環境を整備し、社内の各種制度やプロセスを
変革していくためにも、それを牽引する組織体制は重要な要素となります。

◆DX推進のための組織形態

DX推進のための組織体制には、大きく3つの形態があります。ITの専門家集団であるIT部門が機能を拡張してDX推進を担うことも1つの選択肢となるでしょう。一方、デジタル変革はビジネスの最前線で起こすものなので、事業部門が主導し、IT部門が支援する形態も考えられます。

また、DXを推進する専門組織を設置する形態もあります。これはかつて、インターネットの普及により電子商取引が注目された際に、銀行や小売業などでEビジネス推進室といった組織を設置した動きと同様のアプローチです。

これらのどの形態がよくて、どれが悪いというものではありません。ビジネスとITとの関連性や業種によっても、適合する形態は異なります。しかし、社内各部門から精鋭を集めたタスクフォースを結成するなどの取組みにおいて、推進メンバーが従来業務との兼務である場合は、メンバーが多忙である、権限が与えられていない、既存事業部門の協力が得られないなど、さまざまな理由によって活動が停滞する状況が散見されます。

◆DX組織の役割を明確化し、社内に周知する

昨今、DX推進に向けた組織を設置する企業が増加していますが、当初は専任でない期間限定のタスクフォースで取り組むケースが見られます。その範囲で小さくても成功をつかみ取れれば、それを足掛かりに次のステップを踏み出すことができるでしょう。

しかし、兼任のタスクフォースが継続的に成果を生み出すことは非常に難しく、正式な組織でなければ他部門を巻き込んだり、社内のリソースを自由に活用したりすることも困難です。初期段階を乗り越えていくには、専任スタッフを置き、明確なミッションや目標を持たせることが重要となります。また、組織を設置し、役割を明確化したうえで、それを全社的に周知することも有効です。

ある企業では、DX推進組織の役割やミッションを明確に定義しないまま、その設置の事実だけを全社に告知したところ、デジタル化やイノベーションと直接関係のない相談や案件まで押し寄せ、よろず相談所のようになってしまったといいます。組織を設置したなら、その組織のねらいや掲げるビジョン、管轄する対象分野などを明確に示すことが重要です。

なお、特定の組織がDXに取り組むだけでは不十分で、最終的には会社全体でDXを推進することが当たり前となり、既存組織との連携や協力関係が容易となっている状態を目指すことが求められます。

[04] DXに向けた代表的な組織の変革パターン

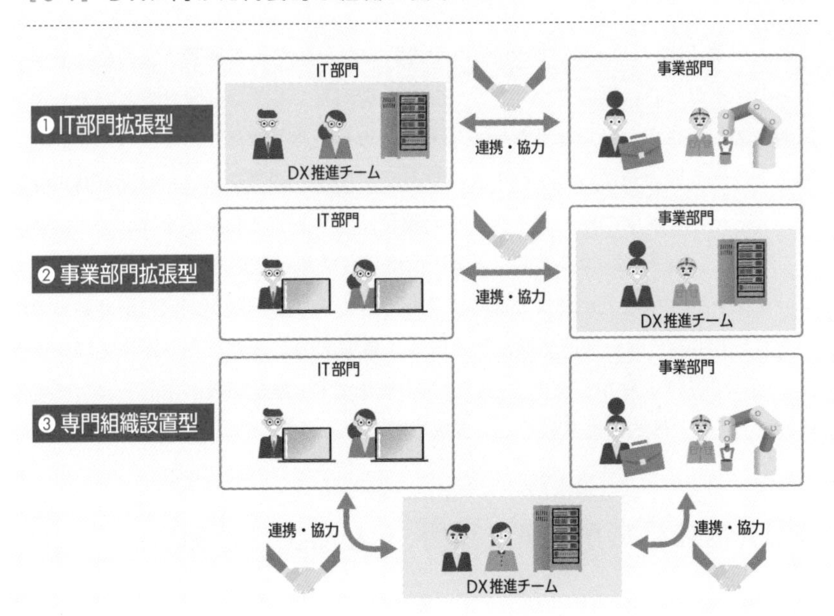

SECTION 05:

DX推進のために組織を進化させる

「組織は生き物」といわれるように、
ビジネス環境の変化や
企業のDXへの取組みの成熟度などに応じて、
組織の役割や形態を変容させていくことが求められます。

◆DX推進組織の進化のステップ

昨今では、DX推進のための専門組織を設置する例も増えていますが、これらの組織には進化のステップがあります。

まず、DX推進のための組織がどこにも設置されていない場合、各事業部門などで個別にDXへの取組みが開始されます。こうした状況では互いの連携や相乗効果は期待できず、同じようなことにバラバラに取り組むために、重複投資や同じ失敗のくり返しといった問題が生じます。

ある企業では、DXの試行的取組みや実験的なシステムの構築のために、各事業部門がそれぞれに別のクラウドサービスを契約してしまい、全社でどれだけの契約があるかさえわからなくなってしまったことがありました。そうなると、活用する技術や協力を得るベンダーもバラバラとなり、知識やノウハウを共有できず、リソースの無駄づかいやトラブルの頻発につながってしまいます。

こうした問題を解消するには、組織横断的なDX推進組織を設置して人材やノウハウを集約することが必要となります。そして、事業部門が個別に取り組んでいたDX案件の一部を推進組織が巻き取り、事業部門と連携したり推進組織が主体となって遂行したりします。この形態のままでDX推進組織が中心となって継続的にDXを主体的に推進したり、支援したりするのも1つの考え方です。

◆DX推進組織から事業部門、そして全社展開へ

DXへの取組みが活発化してくると、現場に近い事業部門でのDX案件が増加し、

案件によっては事業部門主体で推進するほうが、スピード感を持って進められる場面が多くなります。そのような場合は、DXプロジェクトの推進主体は事業部門側に移管し、横断的なDX推進組織は事業部門の後方支援や環境整備に軸足を置くとよいでしょう。

最終的に、全社的に誰もが組織や役割を意識することなく、日常的にDXが推進されるような状態と目指すとすれば、各事業部門内の推進チームが部門内の活動を取りまとめ、プロジェクト管理を実施することになります。一方、横断的なDX推進組織は全社的な視点からノウハウを集積し、必要に応じて技術的・専門的な支援を行うコンピテンスセンターのような役割を担うこととなります。

[05] DX推進のために組織を進化させる

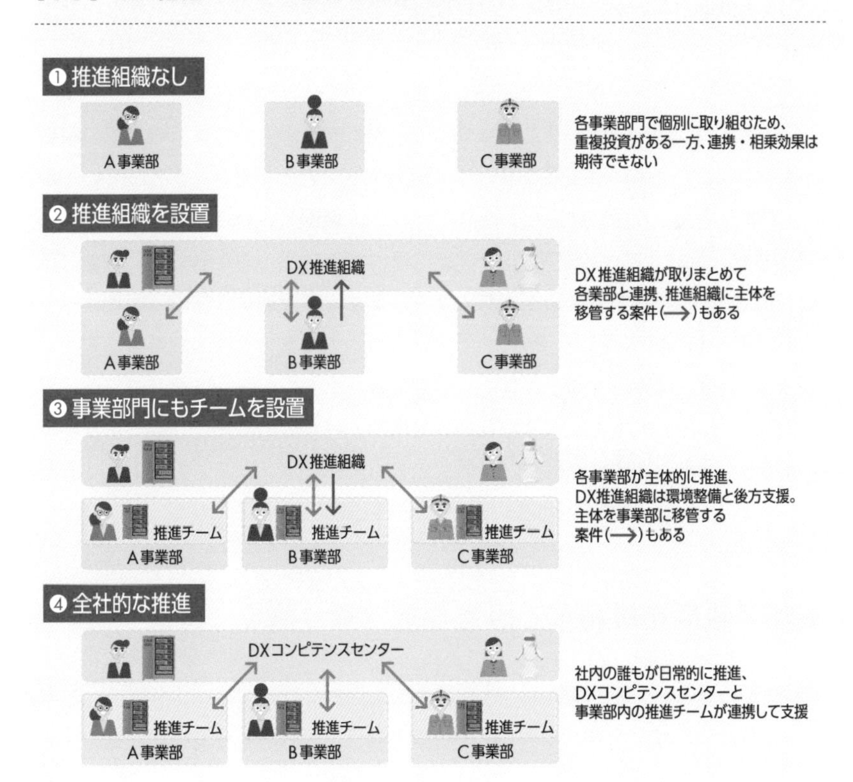

SECTION 06:

制度の変革
～DX推進を阻む壁をなくす

企業にはさまざまな社内規定や制度があります。
企業を適正に統治し、
従来の事業を円滑に推進するためにつくられてきたものですが、
DXの推進においては必ずしも有効であるとは限りません。

◆新制度を設置してDXへの取組みを促進させる

「DXを推進せよと言われるが、それを促進したり支援したりする制度がない」
「DXを推進したいが、従来の制度に従っていると手続きが多く、なかなか進まない」

このように、変革の重要性を認識した個人やDX推進組織が活動を推進しようとしたときに、社内制度の壁に阻まれることがあります。一定以上の規模の組織を運営するうえで制度は必要なものですが、企業が大きく変わろうとしているのに、制度が変えられない硬直化した状況は、本末転倒といわざるを得ません。

DX推進に向けた制度の変革には、大きく２つの方向性があります。１つは、DXを推進しやすくする制度を新しく導入することです。後述する社内インキュベーション制度（P.100参照）もその1つです。人材やアイデアを社内から広く集める社内公募制度や提案制度などが有効な場合もあります。また、AIなどの先進技術の専門家を採用しやすくしたり、社内の専門的人材が流出したりしないようにエキスパート職を処遇する制度や、挑戦する人材のモチベーションを向上させるための報奨制度など人事的な制度を新設する例も見られます。

◆既存制度を緩和して阻害要因を取り除く

もう１つはDX推進を阻害する恐れのある社内規定や制度の一部を廃止したり、緩和したりする方向性です。とくに大企業の場合、やみくもに新制度を導入するより、既存の制度を緩和する方向で見直すことを優先すべきです。

DXに向けた活動を活発化するためには、失敗を恐れずに挑戦できるよう人事評価制度や個人の業績や目標管理の考え方を見直すことが有効な場合もあります。外部の研究機関やベンチャー企業と連携しやすくするために、取引規定や購買規定を見直す必要がある場合もあるでしょう。また、副業・兼業や在宅勤務を容認する働き方に関する規則など、緩和することが有効な制度が多数あります。

個人や部門長の裁量で行える活動には限界があるため、DXの活動範囲を拡大し、定着させようとするのであれば、既存の制度を見直したり、緩和したりしなければならない場合もあります。さらに、一度整備した制度であっても、ビジネス環境の変化などによってその有効性が損なわれることもあるため、固定的に捉えることなく、継続的に見直したり柔軟に運営したりすることが望まれます。

[06] DXに向けた「制度の変革」

DX

DXを促進する新制度の採用

- 社内インキュベーション制度
- 社内公募制度
- アイデア提案制度
- エキスパート職制度
- 報奨制度

DXを阻害する既存制度の緩和

- 人事評価制度
- 個人の業績・目標管理
- 取引・購買規定
- 就業規則
- 就労・勤務形態

就業規則

SECTION 07:

DXを活性化する「インキュベーション制度」とは？

インキュベーションは「孵化（ふか）する」という意味です。
DXの推進には、
アイデアという卵を生み出すだけでなく、
「育てる」ための仕組みと仕掛けが必要となります。

◆社内インキュベーションの必要性

大企業の中には、以前から新規ビジネスの創出を目的に社内インキュベーション制度を設けている企業がありますが、ここにきてデジタル技術を活用した新規ビジネスや新サービスの創出を目的とした社内インキュベーションへの取組みが再注目されています。すなわち、DXの最初のひと転がりとなる活動を喚起する方策を求めているということです。

インキュベーションは「孵化する」という意味であり、これになぞらえ、起業家の育成や、新規ビジネスを支援する仕組みを指します。個人やベンチャー企業ではなく、既存事業を持つ企業、とくに大企業が新規事業の創出や新分野の開拓を行おうとする際には、それを発案するだけにとどまらず、企画・計画し、支援・推進する、すなわち「育てる」仕組みと仕掛けが必要となります。そのため、あらためて社内インキュベーションの重要性が認識されているのです。

◆DX推進の各フェーズで必要となるインキュベーション

インキュベーションの具体的な内容には、[07]のように資金・制度・ハード・ソフト面での支援があり、事業の成長過程（準備、事業化、運営の各段階）ごとにさまざまな施策が考えられます。すでに、社内ベンチャー支援制度やビジネスアイデアの社内公募制度などを施行している企業は少なくありません。しかし、これまでの取組みでは、アイデア創出などの準備段階の支援に重点が置かれ、事業化やビジネス運営の段階まで考慮されていないケースが多く見られました。

また、国内企業では資金やハード面の支援に比べて、各種ノウハウの提供、パートナーや顧客の紹介といったソフト面の支援が十分でない傾向があります。

DX推進にあたっては、まず自社にどのような社内インキュベーションの仕組みや仕掛けが準備されており、どれが活用できるかを確認することが求められます。そして、このような仕組みが整っていない場合にはみずから提案し、環境を整備していくことも大切です。完璧な環境が整っている企業はむしろまれであると考えるべきであり、開拓者の精神で臨まなければなりません。

[07] インキュベーション制度でDXを活性化する

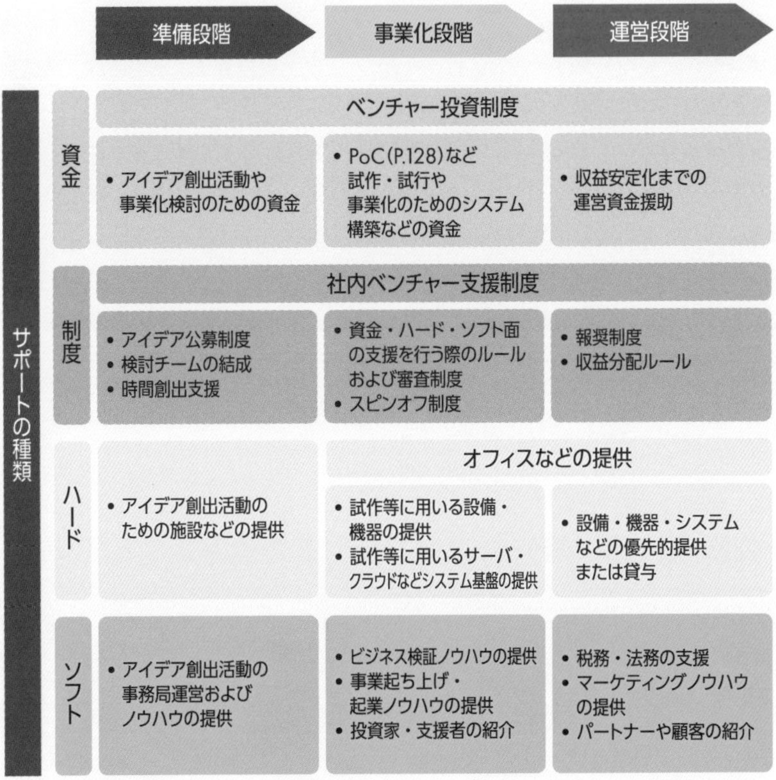

サポートの種類	準備段階	事業化段階	運営段階
資金	ベンチャー投資制度		
	• アイデア創出活動や事業化検討のための資金	• PoC(P.128)など試作・試行や事業化のためのシステム構築などの資金	• 収益安定化までの運営資金援助
制度	社内ベンチャー支援制度		
	• アイデア公募制度 • 検討チームの結成 • 時間創出支援	• 資金・ハード・ソフト面の支援を行う際のルールおよび審査制度 • スピンオフ制度	• 報奨制度 • 収益分配ルール
ハード		オフィスなどの提供	
	• アイデア創出活動のための施設などの提供	• 試作等に用いる設備・機器の提供 • 試作等に用いるサーバ・クラウドなどシステム基盤の提供	• 設備・機器・システムなどの優先的提供または貸与
ソフト	• アイデア創出活動の事務局運営およびノウハウの提供	• ビジネス検証ノウハウの提供 • 事業起ち上げ・起業ノウハウの提供 • 投資家・支援者の紹介	• 税務・法務の支援 • マーケティングノウハウの提供 • パートナーや顧客の紹介

SECTION 08:

権限の変革
～意思決定のスピードを速める

既存の組織には、経営資源である人・モノ・カネや情報を活用したり、
動かしたりする権限が定められ、それに応じた社内プロセスが存在しています。
DXの推進には一定の権限が必要な場面があり、
一部の社内プロセスには変更が必要となります。

◆権限とプロセスの自由度を高める

権限は、組織や制度と深い関わりを持っており、各組織の業務分掌や社内規定などの制度によって定められた権限が与えられています。また、権限に応じた社内プロセスが存在します。たとえば、「〇千万円以上の投資をする場合は、役員会議の承認を得ること」といった権限規定です。

投資や予算だけでなく、組織内の指揮命令や情報へのアクセスなどにも一定の権限を必要とする場合があります。こうした権限や社内プロセスは、既存事業を確実に遂行するために設定されたものであり、これまでは有効に機能していたかもしれません。

しかし、DXを推進する際には、従来の業務分掌や権限規定が、意思決定のスピードや活動の自由を阻害することがあります。予算に関する権限、稟議・承認プロセス、外部との連携における自由度、既存組織を巻き込む権限など、変革の足かせを取り払う取組みが必要となります。

◆権限委譲と段階的な社内プロセスの変革

従来型の組織では、権限は上位に集中していることが一般的ですが、DXの推進においては、多様性を持った人材やチームが自律的に動くことが求められます。そのため、権限を中位や下位に委譲し、分散させることが有効となります。

会社の権限規定や承認プロセスを全面的に変更するには大きな労力を要するため、初期の段階では、部門内など所属長の裁量がおよぶ範囲で権限移譲を行った

り、案件ごとに柔軟な社内プロセスを運用できるようにしたりするとよいでしょう。制度と同様に、特例的な権限付与や部分的な規定の緩和を可能とするような措置を講じ、その範囲を段階的に広げていくことが求められます。

しかし、個人や部門長の裁量で行える活動には限界があるため、何らかの権限に関するルールや、稟議・承認などのプロセスの変更が必要となる場合が出てきます。最終的には、誰もが自由にアイデアを出し、事業や業務の一環として当たり前のようにDXの推進ができるような権限に関するルールが整備され、円滑な社内プロセスが確立しており、さらに環境変化に対応して継続的に改善されたり、必要に応じて柔軟な運用ができたりする状態を目指すことが求められます。

権限規定や社内ルールは、リスク回避のためにつくられているといっても過言ではありません。新しいことへのチャレンジにはリスクはつきものですので、リスク回避を重視しすぎると何も始められなくなってしまいます。DX推進がもたらすチャンスとそれに伴うリスクを正しく評価できるよう、わかりやすい説明と地道な説得が必要な場面もあるでしょう。

[08] DXに向けた権限の変革

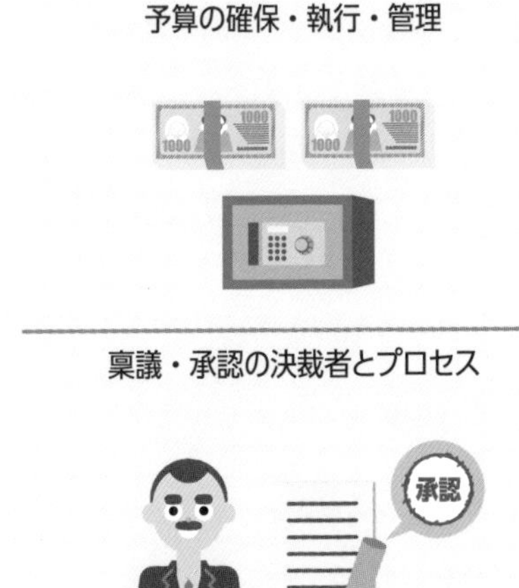

SECTION 09:

効果的な予算の組み方には2つのポイントがある

権限の中でも、投資や予算執行など
お金に関する権限は特に重要です。
一定の予算枠を確保し、
段階を分けて案件の実施可否を判断する考え方が必要となります。

◆「イノベーション予算枠」を確保する

DX推進において、投資や予算執行などお金に関する権限は非常に重要です。昨今のAI、IoTなどのデジタル技術の活用やデジタルビジネス創出に向けたIT投資は、すぐには効果が表れない場合もあります。ある意味、未知への挑戦であり、リターンが不確実な投資となるため、そもそもROI（投資対効果）や投資回収という考え方にそぐわない面があります。また、社内の稟議ルールにのっとっていてはDX推進に重要な「最初のひと転がり」を回しにくくなったり、柔軟な軌道修正が行えなかったりする場合もあります。こうしたことから、DX案件の投資には、従来の予算権限や稟議・承認プロセスとは異なる考え方が必要になります。

1つの考え方として、「イノベーション予算枠」を確保し、一定の予算範囲であれば自由に裁量できる権限をDX推進者に与えておくとよいでしょう。特定の技術を調査・研究したり、IT企業と共同でコンセプト検証（P.128参照）を行ったりするにあたって、予算がないために始められないということは避けなければなりません。

◆段階を分けて案件の実施可否を判断する

DX案件の特徴を踏まえると、自由裁量が可能な一定の予算枠を確保することに加えて、ビジネス状況や技術動向の変化に俊敏に対応する短いサイクルの投資管理の考え方が有効です。DX案件は最初から投資規模を想定することが難しく、これまでのように初期投資と何年分かの運用費用を想定して総額を算出し、投資審議会や役員会にはかるという方法は適さない場合が多いからです。また、一度立てた予算計画にしばられて期中に新しいことが始められない、予算消化が重視されて途中でやめられないといった事態も避けなければなりません。

途中で要件が変わったり、適用技術を変更したりすることも珍しくないため、そのたびに従来のような投資審議を通す方法を採っていたのではスピードが阻害されます。さらに、コンセプト検証の過程でシステム化を断念する、試験的稼働直後から急激にユーザー数が増大するといったこともあり得ます。したがって、形式的な投資決裁ではなく、ビジネス環境の変化や将来動向などを把握したうえで、現場に近い目線で迅速かつ的確な投資判断を行っていかなければなりません。そのためには、段階的な予算措置とその柔軟な運用、そして短いサイクルでの拡張・縮小への判断が必要となります。

具体的には、主要な実施フェーズごとに、次のフェーズに進むか、中止するかを判断するプロセスを設け、判断基準を決めておくことが推奨されます。

[09] 一定の予算枠と段階的な予算措置

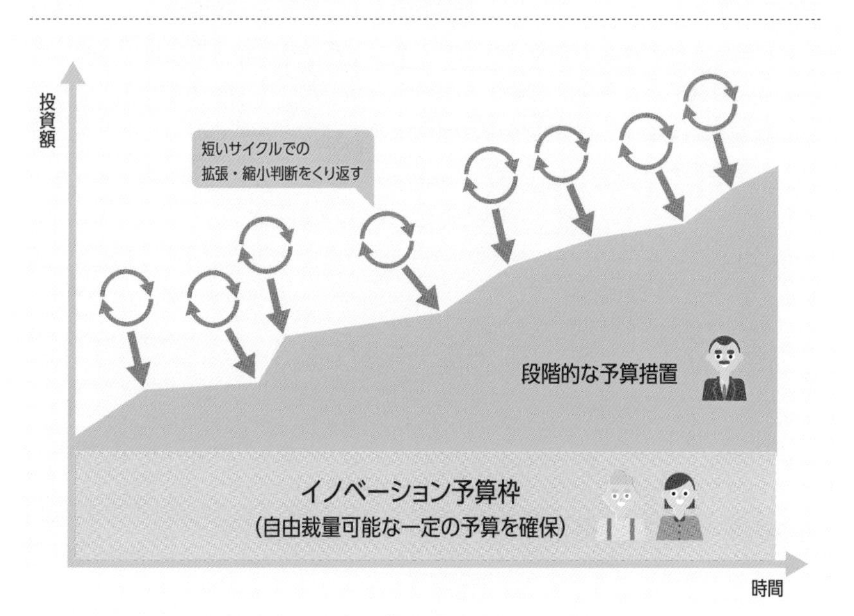

SECTION 10:

人材の変革 〜もっとも重要にして困難な課題

人材はDXの環境整備において最も重要な要件です。
また、スキルにせよ、マインドにせよ、
「人」を変えることは、
組織や制度を変えることよりも難しいことでもあります。

◆デジタル人材の争奪戦が始まっている

DXでもっとも重要かつ難題となるのが人材に関する変革です。デジタル活用のアイデアを出し、それを実現する人材、企業内の変革を推進しながら環境を整備する人材は、どの企業でも必要とされていますが、そのような人材は社内外を見渡してもどこにでもいるというものではありません。

外部からのCDO（Chief Digital Officer）の登用、社内のIT部門および事業部門を対象としたDX人材の育成、同業他社やIT企業からの中途採用、配置転換や意図的に人材を循環させる社内ローテーションなどの方策が考えられますが、人材育成には時間がかかり、外部からの採用も全体的なデジタル人材の不足から困難な状況といえます。DXに積極的な企業は人材の確保に動き始めており、同業種・異業種のIT人材やITベンダーの技術者を中途採用する動きも活発化しています。すでにデジタル人材の争奪戦が始まっているのです。

また、優秀な人材を社内外から集めたとしても、これまで述べてきた意識、制度、権限などの条件が整わなければ十分に生かすことはできません。具体的な方策としては、中長期的な視点でDXに求められる人材像やスキル要件を明確に定義したうえで、それに合致した人材の確保・育成のための計画とそれを実現するプログラムを策定し、実行していくことが求められます。

◆求められる中長期的なデジタル人材戦略

多くの企業において全体的にデジタル人材は不足しており、自社で育成しようとすれば、中長期的な視点での計画に基づくキャリア開発や人事的な施策を実施いくことが求められます。

今後はさらにデジタル人材の争奪戦が激化すると予想されます。中途採用だけでなく、社内の事業部門や企画部門にデジタル人材となりうる候補者が埋もれていることも多いので、その選択肢も見逃さないようにしたいところです。

現存するIT人材や事業部門の人材を再教育するなどしてデジタル人材に転換するか、今後採用する人材の一部を最初からデジタル人材として育成する必要があります。すでに企業によってはIT部門や事業部門から希望者や適格者を選別して再教育を行ったり、新入社員教育にデザイン思考やアジャイル開発などの内容を取り入れたりして、将来を見すえた人材開発を開始しています。いずれにせよ、人材育成には時間と手間がかかるため、長期戦で臨む必要があります。

[10] DXに向けた「人材の変革」

外部からの
CDO(チーフデジタルオフィサー)の登用

社内のIT部門および事業部門を
対象としたDX人材の育成

同業他社やIT企業からの中途採用

配置転換や社内ローテーション

SECTION 11:

DX推進に欠かせない3タイプの人材

DXの推進には、アイデアを創出し、
周りを巻き込みながらそれを具現化していくことが求められるため、
「プロデューサー」「デベロッパー」「デザイナー」
という3タイプの人材が必要となります。

◆DX推進に求められる3つの人材像

DXを担う人材とは、どのような人たちなのでしょうか。ハーバード・ビジネス・スクール教授のクレイトン・M・クリステンセン氏らが取り組む「The Innovator's DNA」の研究によると、イノベーションを創出するには「発見力に優れた人」「実行力に優れた人」、そして「その両方をバランスよく持った人」の3つのタイプの人材が必要だといいます。

ここでいう「発見力に優れた人」は製品、サービス、プロセスに関する革新的なアイデアを創出する役割を担います。「実行力に優れた人」は発想を具現化し、ものごとを継続的に成し遂げることで成功に導く役割を担います。そして、「その両方をバランスよく持った人」は組織の「翻訳者」として、発想（アイデア）と具現化（技術）の橋渡しを手助けします。イノベーションを生み出すためには、この3タイプがバランスよく組織に配置されているのが理想だといいます。

すなわち、企業のDX推進には、アイデアを生み出し、モデル化する「デザイナー」、技術的な目利き力と実践力を持った「デベロッパー」、そして人や組織を動かしながら全体を統括する「プロデューサー」の3タイプの人材が、小規模なチームを組んで取り組むことが有効と考えられます。

◆3タイプの人材の役割とスキル

①デザイナー（企画）：市場や顧客の課題やニーズをくみ取ってビジネスやサービスを発想し、能動的に提案したり、事業部門やパートナーと共に企画を構築し

たりします。デザイナーには、ビジネスやサービスを発想し、有効なコンセプトに発展させる「着想力」、アイデアやコンセプトを分析・組み合わせ・図解などを駆使して魅力ある企画に仕立て上げる「企画構築力」、合意形成や相互理解をサポートし、協調的活動を促進させる「ファシリテーション力」が必要です。

②デベロッパー（技術）：適用可能な技術を的確に評価・選定し、試作品やプロトタイプとなるソフトウェアを開発し、検証と改善をくり返す役割を担います。デベロッパーには、先進的技術や各種要素技術を探査・習得できる「技術調査・検証力」、適用可能な技術を的確に評価・選定できる「技術適用力」、アイデアを迅速に具現化し、継続的に工夫改善する「試作・改善力」が求められます。

③プロデューサー（統括）：顧客・パートナー・事業部門との良好な関係を構築・維持し、アイデアの創出から事業化までの全プロセスを統括します。プロデューサーには、事業全体を俯瞰的に把握し、投資や経営資源の配分などに対して的確な意思決定ができる「ビジネス・マネジメント力」、自社の業界を理解し、ビジネスを取り巻く社会・経済の環境変化と将来動向を読み解く「外部環境把握力」、そして内部・外部の人材・組織を巻き込みながら人脈を拡大し、必要となる体制構築や予算確保を牽引する「組織牽引力」の3つが求められます。

[11] DX推進に必要な人材像

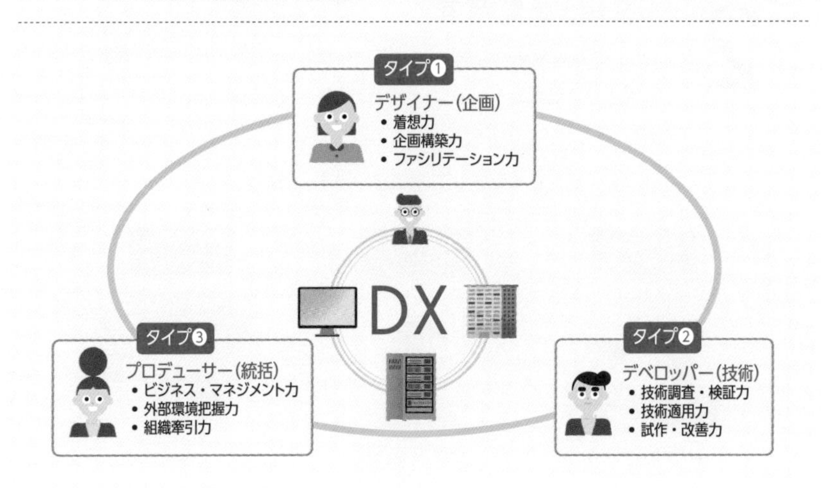

DXを成功に導く企業内変革の中身とは？

1 DXを成功させる5つの企業内変革

DXを成功させるためには、実践的な取組みを推し進めると同時に、企業内変革を断行して環境を整えていく必要があります。具体的には、「意識」「組織」「制度」「権限」「人材」という5つの点で変革を起こしていきます。いずれも容易ではないかもしれませんが、これらは互いに関係しており、1つだけをレベルアップすればよいというものではありません。

2 「意識」を変革する

DXの推進に必要な企業内変革のうち、最初に手をつけたいのが経営層や事業部門の意識変革です。これがその後、企業全体の変革への姿勢のベースとなるからです。さらに、ワークショップやセミナー、ミーティングなど、さまざまな方法で全社的に意識を変えていくことが大切です。

対話型アプローチ

非公式ミーティング

参加型アプローチ

社内アイデア公募

啓発型アプローチ

社内セミナー

PART3では、DXを成功させたるために不可欠な企業内改革について、実際に何をどう変えたらよいのかについて、説明しました。その内容をおさらいしましょう。

3 「組織」「制度」を変革する

DX実践のためのアイデアを出し、実現していくためには、これを推進する組織体制が必要です。特に初期には専任スタッフによる推進組織を設置し、明確な目標を持たせ、その役割について全社に周知することが有効です。また、DXの推進がスムーズに行われるように、既存制度を見直したり、新制度を採用したりすることも欠かせません。

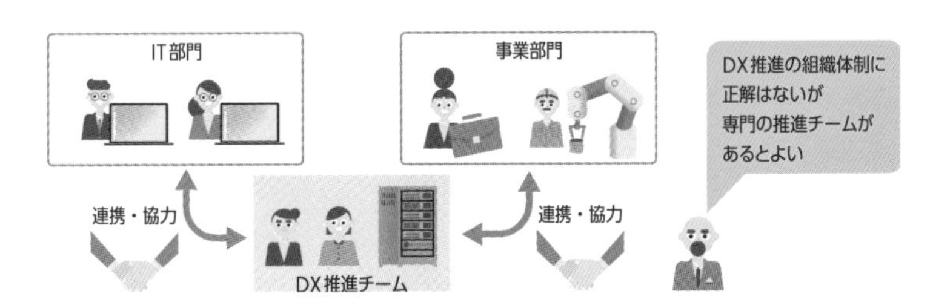

4 「権限」「人材」を変革する

一般的に、組織では上位に権限が集中していますが、DXの推進では多様性を持った人材やチームが自律的に動くことが求められるため、権限を中位や下位に委譲し、分散させることが有効です。また、推進チームの人材としては、アイデアを生み、モデル化する「デザイナー」、技術的な目利き力と実践力を持った「デベロッパー」、人や組織を動かしながら全体を統括する「プロデューサー」の3タイプが小規模なチームを組んで取り組むことが有効とされています。

タイプ1
デザイナー（企画）

タイプ2
デベロッパー（技術）

タイプ3
プロデューサー（統括）

COLUMN　｜　DXの小噺③

デジタル人材は
研修やセミナーでは育たない

日本企業は新しい取組みを開始する際に、研修から入る傾向が強いように感じます。確かに人材育成はとても重要です。筆者もデジタル人材向けのイノベーション研修などを手がけているため、うれしいことではあるのですが、少し違和感を持つこともあります。

とくに大企業では、社外講師を招くなどして座学中心の社内セミナーやワークショップ形式の実習を用意し、上司推薦などで招集して行う研修が多く見られます。もちろん啓発的な意図や気づきを与えるという点で、意義ある取組みといえます。しかし、デジタル時代を牽引する人材は、口もとまでエサを運んでもらうのを待つひな鳥のような人ではないはずです。

経験上、人がもっとも育つのは他流試合をしたときです。社外の、できればさまざまな業種や職種の人々と意見やアイデアをぶつけ合ったときに、知識や技能よりも貴重な体験を得ることができます。今は、社外のアイデアソン／ハッカソンイベント、ハンズオンセミナー、コミュニティによる勉強会や研究会などがあちこちで盛んに行われています。このような他流試合の場に、みずから参加する人こそイノベーティブな資質を持った人材ではないでしょうか。

企業は、これまでの人材育成や教育研修プログラムといった自社に閉じた考えを捨て、自主性を重んじ、外の空気に触れる場と機会を提供することが大切だと考えます。

講習・セミナー

知識や技能の習得には有効

他流試合

異なる常識・文化からの気づき

PART

DXをどのように進めるか？

SECTION 01:

日本の企業に最適なDXの進め方とは?

DXの取組みにおいて、
日本は他の国・地域から水をあけられているといわざるを得ません。
その根本原因を踏まえたうえで、
自社に最適な進め方を探すことが大切です。

◆日本の企業にありがちな「3つの呪縛」

国内企業に特有といっていい「3つの呪縛」があります。1つは「抱える重荷」の問題です。デジタル時代を牽引する大手プラットフォーマーの多くは米国発祥の企業であり、シリコンバレーでは毎日のようにデジタルネイティブのベンチャー企業が生まれています。米国企業は、ディスラプター（P.24参照）との競争による淘汰を産業の新陳代謝として受け入れ、ゼロから新しい世界をつくりなおすこともいといません。

一方、中国やアジアの新興国などはどうかといえば、経済成長とデジタル化が同時に進行し、しがらみもなくDXに邁進しています。日本だけが過去の成功体験、旧来の組織制度や企業風土、既存システムをなかなか捨て去れず、重い荷物を背負ったまま、身軽さが勝敗を左右する新しい戦場に挑んでいるのです。

2つ目は「経営者のデジタル感度」の問題です。「技術のことはよくわからない」「担当者に任せている」という経営者が少なくありません。これではデジタルエコノミーの時代に変革を起こすことは難しいでしょう。

日本の、とくに大企業にとってDXを阻害する重大な要因は、「組織マネジメント」の問題です。コンセンサスと前例主義を重視したマネジメントと意思決定によって運営されている傾向が強いからです。

◆トップダウンでない日本流のDXへの取組み方

21世紀に入ってから、デジタル戦略論、ディスラプター対策などに関する書籍が数多く出版されています。しかし、欧米の著名な学者やコンサルタントが執筆するデジタル戦略の要点は、経営トップのリーダーシップを問うものばかりです。すなわち、経営者が将来に対する慧眼と強力なリーダーシップを持ち、トップダウンで変革を牽引することを前提としているのです。

一方、日本国内では、DXに関して「どうすれば経営者の意識を変えられるか」という質問が多く寄せられます。トップダウン型の変革を断行できる企業は決して多くありません。

日本には、欧米と異なる日本流のDXの起こし方、進め方があるはずです。ボトムアップ、あるいはミドル層から変革を巻き起こすことができるのが日本企業の強さでしょう。また、大きな投資や陣容を傾けなくても、最初のひと転がりとなる試行的な取組みができるのがDXの特徴でもあります。

[01] 日本型DXの進め方を考えるヒント

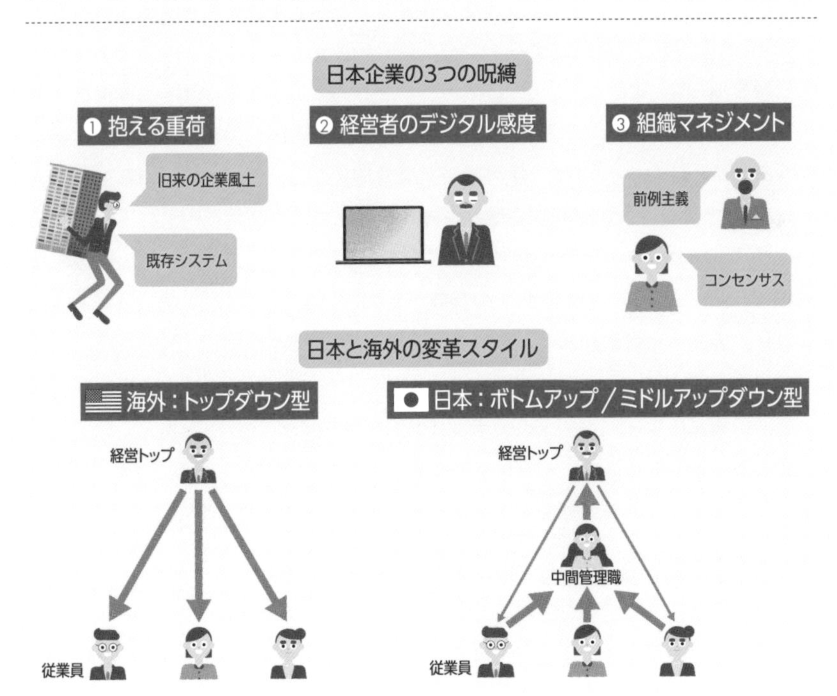

SECTION 02:

気をつけたい DX推進で陥りやすい「5つの罠」

多くの企業がDXに取り組みはじめていますが、
中には順風満帆に進んでいるとはいえないケースもあります。
どういう点に気をつければ
スムーズに推進できるのでしょうか。

◆気をつけたい「5つの罠」

これまで筆者は多くの企業でDX戦略の立案や推進のための環境整備を支援してきましたが、その中でよく直面する阻害要因を整理してみました。

①DXごっこの罠：「何のために、どこを目指してDXを推進するのか」を明確にしないまま、AIの試験的導入や技術適用のためのコンセプト検証（Proof of Concept、PoC）を実施する。

②総論賛成の罠：誰もが「DXは重要だ」と言うが、いざ自分の部門・業務に影響がおよぶ各論になると反対するか、静観を決め込む。

③「あとはよろしく」の罠：経営者や上級管理者がDX推進組織を起ち上げ、人員を配置するだけで役割を果たしたと考え、その後の活動を円滑に進めるための環境づくりや後方支援を怠る。

④カタチから入る罠：DX委員会の設置、社内アイデア公募の活動、教育・研修など、表向きには取組み姿勢を見せるものの、活用されない、続かない。

⑤過去の常識の罠：まず先行事例をよりどころにする。人の評価、投資判断の基準、組織文化などについて、これまで成功してきたやり方や考え方にのっとり、変えようとしない。

◆どういう企業が「5つの罠」にはまるのか？

「DXごっこの罠」は、「なぜ自社にDXが必要なのか」「DXによって何を目指すのか」といった議論が十分に尽くせていないことが原因です。世の中でDXが騒がれているので、自社も何かやらなければならないと思うが、具体的に何をやればよいのかわかっていないという状況もよく見られます。

「総論賛成（各論反対）の罠」は、DXは必要だと思うが、「まだ大丈夫」「自分の部門は変わらなくてよい」という姿勢から生まれます。日本企業に見られがちな傾向に、新しいことを始めるときに、まず組織を設置するというものがあります。これも「カタチから入る罠」の1つの表れです。

DXの推進は、従来の業務プロセス改革と異なり、文化・風土、組織、制度、権限、人材など企業の根幹に関わる多岐にわたる変革が求められるため、経営者による継続的な支援が不可欠であり、「あとはよろしく」では済みません。

また、まず先進事例を調べることから始める人がいます。しかし、デジタル活用や企業変革を推進するための方法論や成功法則は定まっているわけではなく、みずから道を切り開いていく必要があります。先行事例を参考にすることは無駄ではありませんが、前例や成功事例がなければ挑戦しないという姿勢でいるとしたら、「過去の常識の罠」にはまっています。

[02] DX推進で陥りやすい5つの罠

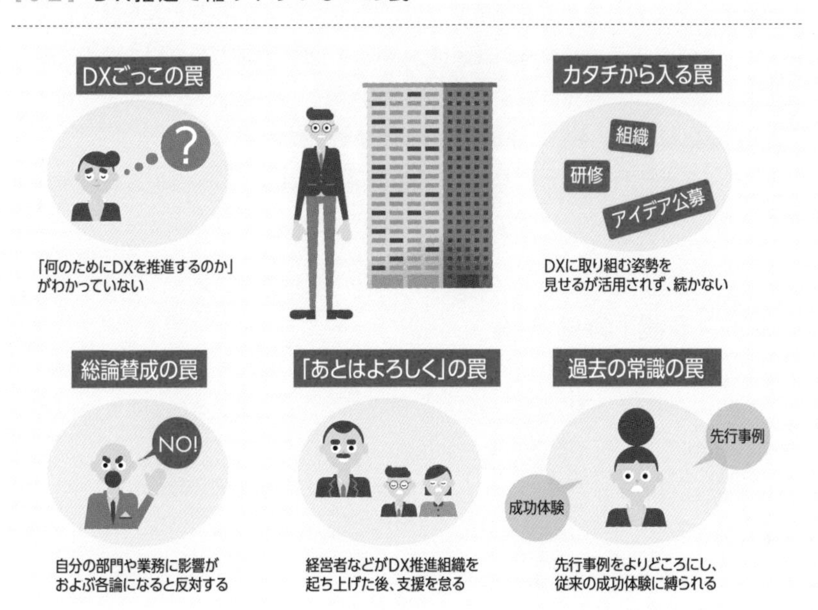

SECTION 03:

「5つの罠」と「3つの呪縛」を回避する処方箋

ここまでで紹介してきた「3つの呪縛」を克服し、
「5つの罠」に陥らない、
または突破するためには
どのような取組みが求められるのでしょうか。

◆「3つの呪縛」を打ち破る方法

カリスマ経営者や天才イノベーターが突如現れて、強力なリーダーシップでDXを牽引してくれることが期待できないとすると、それを待っていたのでは何も始まりません。DXのためにアイデアを出し、試行錯誤をくり返しながら推進していくためには、ミドル層や若手を含め、従業員一人ひとりが主体性を持って取り組み、経営層を動かしながら進めていくことが求められます。

「DXによって自社がどこを目指すのか」ということも、社長一人や経営会議のメンバーが決めるのではなく、従業員一人ひとりがそれぞれの立場で考え、階層を越えて議論し、認識を共有することが重要です。そして、誰かが勇気をもって「最初のひと転がり」を起こさなければなりません。

また、DXを推進するためには、過去の常識やこれまで成功してきたやり方や考え方を捨てて臨まなければならない場面も多いといえます。

◆「5つの罠」の処方箋

「3つの呪縛」を克服し、「5つの罠」に陥らない、または突破するための対処法を5つの処方箋として整理してみました。

①「WhyとWhere」の徹底的な追求：組織や階層を越えて一人ひとりがDXの推進に何らかの役割を果たしていくことが求められます。そのためには、「なぜ、自社にDXが必要なのか」「DXによって、どこを目指すのか」について、経営者から従業員まで全員が腹落ちするまで徹底的に議論し、「思い」を共有するこ

とが重要です。

②小さな取組みから始める：当初は難易度が低く、短期で成果が出せそうな小規模な施策から取り組み、その成果をアピールしながら対象範囲を広げたり、大きな施策へと展開させたりしていくことが確実な進め方といえます。

③賛同者・協力者を見つける：小さな取組みを開始したら初期の追従者（フォロワー）を見つけ、大切にしましょう。フォロワーと一緒に行動し、賛同者・協力者を一人ずつ巻き込みながら活動を拡大していくことで、全社的なムーブメントに育てていくことが有効です。

④実体験を重視する：新しい技術や考え方について、書籍や研修で知識を学んだり、会議や資料で検討したりするだけでなく、実際に制作したり利用したりして、実体験から学びを得るようにします。

⑤「外の世界」に触れる：ずっと同じ世界にいると従来のやり方や考え方に疑問を持たなくなりがちです。自分自身も周囲の人にも、外部と接触し、自社・自組織・自分を客観的に見る目を養うことが求められます。

[03]「5つの罠」と「3つの呪縛」を回避するには？

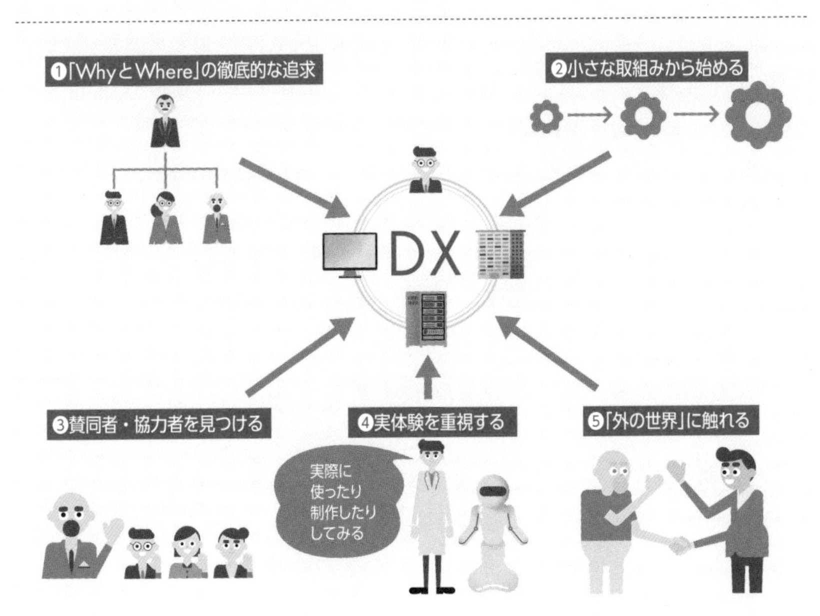

SECTION 04:

「リーンスタートアップ」方式を取り入れるとうまくいく

DX推進のための方法論やプロセスに、
確立されたものがあるわけではありませんが、
従来のビジネス戦略立案や業務プロセス改革のための手法が
そのまま通用するわけではなく、気をつけるべきポイントがあります。

◆従来のPDCAサイクルは通用しない

これまでの業務管理や事業推進では、PDCAサイクルを回すことが常識のように考えられていました。企業が新しいサービスやビジネスの起ち上げを企画する場合もそうです。PDCAは、立案・実行・評価・改善の段階をくり返して継続的な改善を図る手法です。やみくもに突き進むのではなく、一定期間を経た評価を通じて成果や実施体制を省みることによって、能動的に修正・改善を図ろうとする管理手法といえます。

PDCAでは、一般的に年次または半期・四半期といった比較的長周期で評価サイクルを回します。これは、成熟した市場での企業運営や安定軌道を描いている事業・サービスに適用する場合は、あまり違和感はありません。しかし、技術革新が著しい、ビジネス環境の移り変わりが早い、不確定要素が多いといった特性を持つDXの分野では、迅速な方針変更や柔軟な軌道修正が不可欠です。

評価サイクルの高頻度化や環境変化への柔軟な対応が優先されるべきであり、従来型の長周期のPDCAの仕組みは、必ずしも有効とはいえません。

◆「リーンスタートアップ」で進めるDX

環境変化が著しくかつビジネス開発がもっとも盛んなエリアの1つに、米国シリコンバレーがあります。シリコンバレーでは多くのベンチャー企業が日々産声をあげ、開発されたビジネスモデルや産業技術は、投資家やベンチャーキャピタルの支援によって成長機会を得るエコシステムが形成されています。

そのような環境下における多くの成功ビジネスには、ある共通する特徴があります。それは、需要に応じた製品やサービスを試作段階から迅速に投入し、短期サイクルで意思決定することで先行者優位に立つということです。この点に着目し、起業家であるエリック・リースが整理・体系化したビジネス開発手法が「リーンスタートアップ」です。「リーン（Lean）」とは「無駄がない」「効率的な」、「スタートアップ（Startup）」は「起ち上げ」という意味です。

リーンスタートアップの概念は、その名のとおり、根底にトヨタ自動車が生み出した「リーン生産方式」があります。リーン生産方式では、プロセスを徹底的に効率化し、製造工程の無駄を排除します。エリック・リースはこの考え方をビジネス開発手法に応用し、リーンスタートアップ方式として提唱しました。

つまり、サービスやビジネスを起ち上げ、成長・成功させる過程で非合理性を徹底的に排除する方法として体系化したのです。コストをかけずに試作品をつくり、顧客の反応を反映するサイクルを短期間にくり返すことで、事業化の初期段階に見られがちな過剰投資や大幅な出戻りといった無駄を抑える考え方です。

[04] 「リーンスタートアップ」の考え方

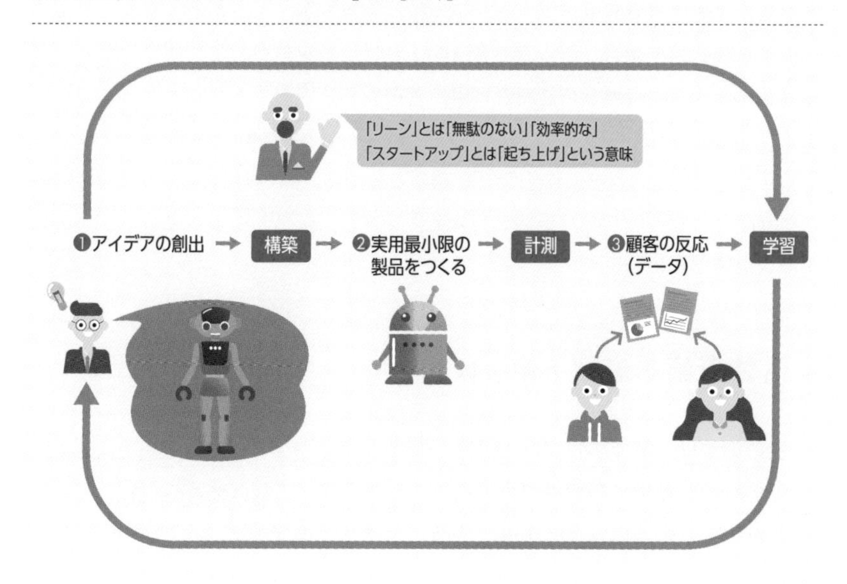

SECTION 05:

DXは2段階方式で推進する

DXを推進する際には「リーンスタートアップ」(P.120)の考え方を
取り入れるとよく、具体的には2段階に分けて進めます。
まず小さな取組みを成功させてから、
次に順次、環境を整備しつつ全社的な取組みへと昇華・拡大させていくのです。

◆「最初のひと転がり」となる第1段階

「リーンスタートアップ」の考え方を取り入れたDXへの取組み方法としては、2段階方式が推奨されます。

まず第1段階では、特定の部門に限定した試行的な取組みや小規模なイノベーションに挑戦します。この段階では社内の理解者は少なく、十分な予算や体制の確保も難しいかもしれません。DXの重要性を認識した誰かが「最初のひと転がり」を起こし、小さくてもよいので実績を残すことが大切です。その際には難易度が低く、短期間で成果が出そうな小規模な施策を選ぶことがポイントです。

小さな取組みを開始したら追従者（フォロワー）を見つけ、大切にします。フォロワーと一緒に行動し、賛同者・協力者を巻き込みながら活動を拡大していきます。「最初のひと転がり」への挑戦は成功するとは限りません。

しかし、重要なのはそこから学びを得ることです。第1段階でDXの推進を阻害したり障壁となったりした事柄をリストアップし、総括しておきましょう。これが環境整備のために変革すべき課題であり、第2段階へのインプットとなります。

◆活動の幅を広げる第2段階

第2段階では、第1段階で得た成果や経験を社内に啓発し、活動の幅を広げる礎とします。第1段階で障壁や阻害要因となった課題は、関係部署や経営者に変革の必要性を説き、調整しつつ組織、制度、権限などの変革によって順次解決していきます。ここでも第1段階と同じように推進を阻害したり障壁となったりした事柄をそのつど総括して、次なる挑戦のインプットとすることを怠ってはいけません。PART3で述べた意識、組織、制度、権限、人材などに関する企業内変革を進めていきます。そうした活動を地道に続けていくことで、賛同者や協力者が増えていき、DXを推進するための環境も整っていくでしょう。

目指すゴールは、DXへの取組みが組織や階層の壁を越えて広がり、誰にとっても日常の活動として定着した状態です。第2段階に終わりはなく、成功と失敗を重ねながら継続的に取り組む活動といえます。それによって、DXを全社的な戦略の中核にすえて取り組む企業へ進化していくことができます。

[05] 2段階で推進するDX

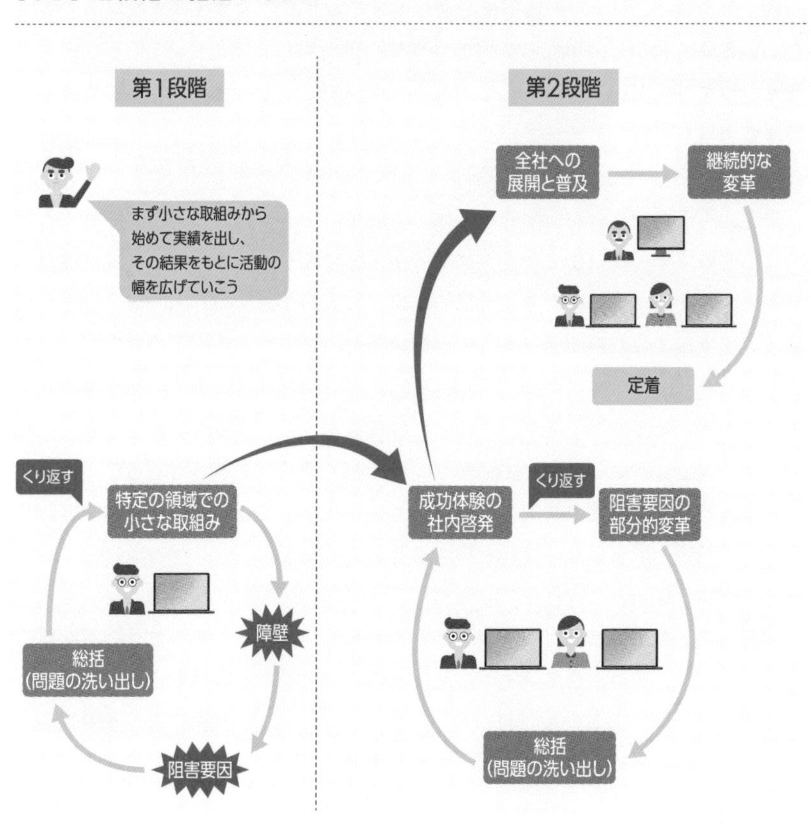

SECTION 06:

「漸進型イノベーション」を可能にする発想法

「斬新型イノベーション」とは、
既存の事業において、デジタル技術を活用して業務を高度化したり、
従来の顧客に新たな価値を提供したりするイノベーションのタイプです。
進めるにあたっては、これまでと異なる発想と進め方が必要です。

◆「漸進型イノベーション」に必要な4つの着眼点

多くの企業はこれまでも情報化を進めてきており、ITをさまざまな局面で活用しています。しかし、単なる業務の効率化や部分的な自動化ではDXとは呼べません。つまり、現状の延長線上にあるような発想ではなく、これまでの常識を打破するような斬新なアイデアが必要となります。

「漸進型イノベーション」で着眼すべきポイントは4つです[06]。

まず、①直感や経験が支配的な領域、②既存の枠組みや慣習が聖域と考えられている領域です。これまでテクノロジーが十分に入り込んでいない領域に着目し、適用可能性を模索するのです。具体的には、属人的な業務の排除、仮説検証や意思決定を支援するためのデータ分析と知識共有、ビジネスルールや算出ロジックに基づく個別化（パーソナライズ）への対応などが挙げられます。直感や経験は人の頭の中にあるものですが、その中には機械が学習できるものもあります。昨今では、採用試験や最適な人材配置の検討にAIを活用する動きも見られます。代理店を介した間接販売や訪問型の営業スタイルなど、これまで当たり前に行われてきた商慣習や取引形態に疑問を持つことも大切です。

③独自または個別に遂行している領域、④時間的・地理的な制約によって実現が困難であった領域に着目した変革も考えられます。自社生産や自社物流を見直したり、地域、拠点、事業ラインごとの調達や顧客管理を共通化したりすることにも検討の余地があるかもしれません。また、IoTによる遠隔監視や遠隔制御によって地理的な制約を排除できるかもしれません。

◆観察と技術啓発から発想する業務改革

DXというイノベーションで重要なのは、ゼロベースで適用の可能性を探ることです。従来、業務改善のための情報化を行う際には、事業部門にヒアリングして課題や業務要件を引き出すことが一般的でした。しかし、DXではこの手法が通用しない場合があります。たとえば、AIの適用分野を探そうと社内をヒアリングして回っても、そもそもAIで何ができるかが知られていないため、ニーズが出てこないといったことが起こります。さらに、業務部門のメンバーが現在の仕事や業務プロセスに慣れていて、疑問を抱いていないケースもよくあります。

1つの方法としては、AIなどの技術について理解しており、他社での適用事例をたくさん知っている人が、先入観を持たずに業務現場を観察して適用可能性を探ることが有効です。また、業務部門のメンバーに「デジタル技術の本質的な価値とは何か」「どんなことが可能となるのか」「他社ではどのような活用事例があるのか」といったことを伝え、気づきを呼び起こす方法も考えられます。

[06] 「漸進型イノベーション」の発想法

❶直感や経験が支配的な領域
(広報・宣伝、接客、人事など)

- データ分析に基づく意思決定
- ノウハウや知識の蓄積と検索
- AIによる判断業務の自動化・無人化

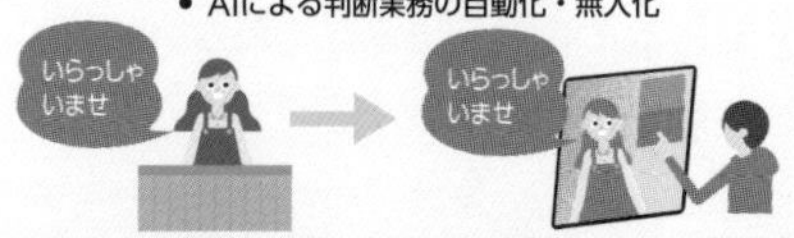

スタッフによる受付・案内　AIによるデジタルサイネージで接客

❷既存の枠組みや慣習が聖域と考えられている領域
(訪問型の営業スタイル、固定的な価格モデルなど)

- インターネットやSNSによる顧客接点の拡大
- 地域・店舗・顧客特性に応じた価格設定
- サービスのオンデマンド化と従量制課金

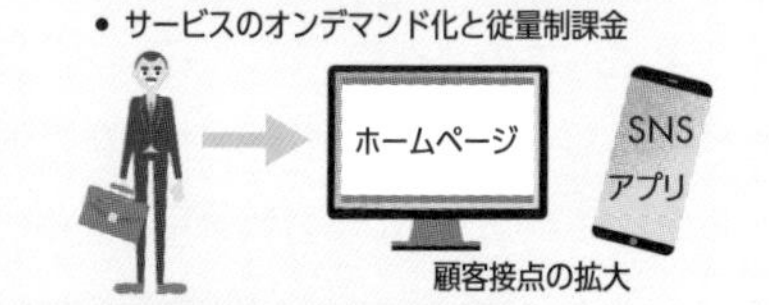

顧客接点の拡大

❸独自または個別に遂行している領域
(自社生産、自社物流、拠点ごとの調達・販売など)

- ネットを活用した連携による協業
- 企業間クラウドによる共同利用
- データ分析による予測精度の向上

❹時間的・地理的な制約がある領域
(労働時間の制約、拠点網・立地の制約)

- グローバルな分業および同時進行
- RFID・GPS・GISなどを活用した識別と追跡
- オンラインによるセルフサービスの実現

SECTION 07:

「不連続型イノベーション」を可能にする発想法

これまでと異なる事業領域に進出したり、
新たなサービスやビジネスモデルを創出したりする
「不連続型イノベーション」では、「漸進型イノベーション」以上に
発想の転換と未来志向のアプローチが必要です。

◆発想の転換では3Cと4Pに着目する

多くの企業、とりわけ大企業は商品や販売網、宣伝の仕方、品質や価格などに優位性を持っていたことで成功を収めてきました。しかし、外部環境が著しく変化する時代においては、これまでの延長線上の戦略ではなく、新たな価値を創出し、市場を切り開くような大胆な発想の転換が必要となります。

その方法として、企業戦略の立案やマーケティングのフレームワークで用いられる3C（顧客、競合、自社）と4P（商品、価格、プロモーション、流通）を変えてみる発想が有効です[07]。たとえば、法人顧客だけだった事業を一般消費者にも展開するのは「顧客」を変える発想です。深夜タクシーの「競合」は深夜バスではなく、カプセルホテルかもしれません。また、自動車を売るという事業を、移動というサービスを提供する事業に転換することは「商品」を変えることを意味します。このように、3C・4Pの1つでも変えることで、まったく新しい価値観を見出したり、顧客に新しい体験を提供したりできる場合があります。

企業はこれまでも、時代の潮流や顧客ニーズの変化に対応してみずからを変容させてきました。しかし、今起こりつつあるパラダイムシフトは、ここ数十年で我々が経験したものとは異質の、より大きな転換である可能性が高いと考えられます。これは大きな危機であると同時に、大きな好機でもあります。

◆ビジネスとテクノロジーをいかに結びつけるか

これまでビジネスにテクノロジーを活用する際は、ビジネス上の課題やニーズ

に対して、その解決策や実現策としてテクノロジーを当てはめるという「課題解決型」のアプローチが主流でした。

一方、新技術の登場を受けて、ビジネスへの適用を検討する「シーズ提案型」もあります。たとえば、無線ICタグ（RFID）の低廉化という技術シーズを受けて、倉庫での資材の棚卸しへの活用を検討するといった例が考えられます。

さらに近年は、デジタル技術を活用した新しいビジネスが次々と登場していますし、デジタル技術自体も日々進化しています。したがって、ビジネスの環境変化やテクノロジーの将来を予見して、それらを結びつけることで新規ビジネスやビジネスモデルの転換を実現するアイデアを創出するというアプローチも可能でしょう。

不連続型イノベーションの創出では、このような未来志向の「アイデア駆動型」が有効な場面が多いと考えられます。

[07]「不連続型イノベーション」の発想法

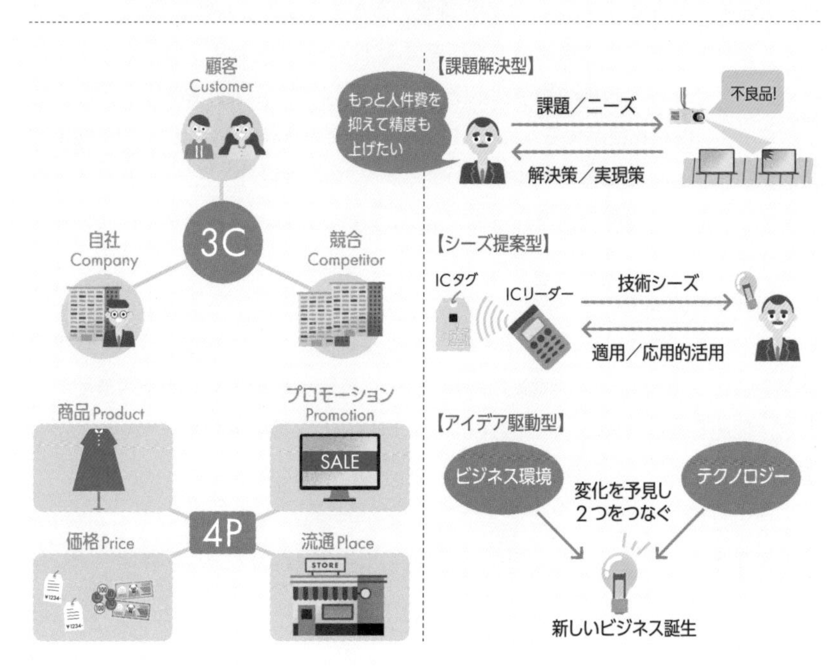

SECTION 08:

DXの基本プロセス

DXの推進に定まった方法があるわけでもなく、
プロセスが確立しているわけでもありませんが、
ここでは1つのよりどころとなる基本的な流れを紹介します。

◆「アイデア創出」から「ビジネス検証」をくり返す

DXの実践には、漸進型イノベーションと不連続型イノベーションがありますが、基本的な推進の流れは同じです。

まずは、具体的な実践テーマについて「アイデア創出(コンセプト起案と企画構想化)」を行います。この段階ではアイデアはあくまでも仮説であり、本当に実現できるのか、効果が得られるのかが確実である必要はありません。たとえば、これまで目視で行っていた製品の品質検査に画像認識技術を活用するというアイデアの場合、具体的な技術や適用法が決まっていなくてもかまいません。

次に、その仮説を検証するために「PoC(コンセプト検証、Proof of Concept)」を実施します。PoCは解決策や施策のアイデアの方向性が正しいかを検証するものです。検証して方向性が間違っていることがわかれば、アイデア創出に立ち返ります。

方向性が間違っていないことが確認されれば、「PoB(ビジネス検証、Proof of Business)」に移ります。この段階では、事業や業務として成り立つか、技術や体制を含めて実現可能かを検証します。PoBの段階で技術的に実現不可能であったり、性能や機能が満たせないということがわかった場合もアイデア創出に戻ります。

このように「リーンスタートアップ」(P.120参照)の考え方にそってPoCとPoBを何回かくり返し、アイデアを本格的に実現できるものへと洗練させていきます。

◆本番への移行から稼働まで

ビジネスや業務としての有効性が確認できたら「本番移行」に移ります。本番化に向けた計画を立て、体制を整えます。技術の導入やシステム構築が必要な場合は、本番稼働のための開発などを行います。

最後は「本番稼働」ですが、そこには事業や業務の運営とシステム運営が含まれます。しかし、本番運用が始まればそれで終わりというわけではありません。ここでも「リーンスタートアップ」の考え方に基づいて、短いサイクルで業務やビジネスの状況を計測し、顧客やユーザーの反応を見ながら改善をくり返します。技術やシステムについても、従来の情報システムのように安定運用するだけでなく、リリース後も育てていくという発想で取り組みます。

また、リーンスタートアップでは「ピボット」といいますが、大きな方向転換が必要な場合もあります。ビジネス環境が大きく変わったり、技術革新が起こったりするとせっかく創出したビジネスやシステムが役に立たなくなることもあります。そのような場合には、最初のアイデアに立ち返ってビジネスモデルやシステムをつくりなおすこともいとわずに取り組むことが重要です。

[08] DXの基本的な推進プロセス

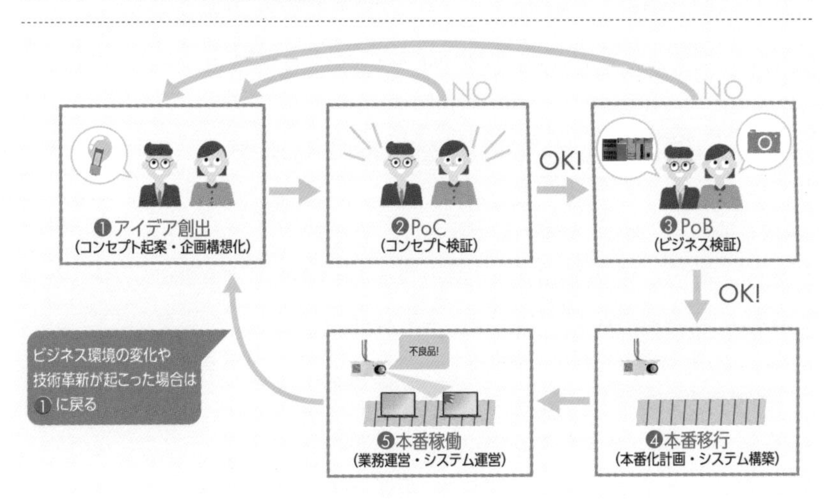

SECTION 09:

DX案件に欠かせない投資判断と遂行管理のポイント

DX案件の遂行には、
ビジネスや技術の不確実性を加味して、
適宜軌道修正を行いながら柔軟な判断ができるような
新たな投資評価と案件遂行の枠組みが必要です。

◆これまでとは異なる投資判断が必要

DX案件はすぐに効果が表れるとは限らず、また確実にリターンが得られるとも限りません。ある意味、未知への挑戦であり、不確実な投資となるため、そもそもROI（投資対効果）という考え方にはそぐわない一面があります。

こうしたDX案件への投資には、起案者の強い意志と経営レベルのコミットメントが必要となり、単なる「支出」ではなく、意図を持った「投資」と捉えることが求められます。成果に関するKPI（重要業績評価指標）や目標の設定においても、そもそも現状を測定することが困難なものもあり、目指す姿についても実現可能性や市場性などに対する想定を含んだものとならざるを得ない場合があるでしょう。そうしたことを加味して、適宜軌道修正を行いながら柔軟な判断ができるような新たな投資評価と案件遂行の枠組みが必要となります。

◆フェーズごとに実施可否を判断する必要性

DXに関わる案件は、初期に綿密な遂行計画を立てることが難しく、途中で要件が変わったり、適用技術を変更したりすることも珍しくありません。そのたびに従来のような稟議を通す方法を採っていたのではスピードが阻害されます。さらに、PoCやPoBの過程で本番化を断念したり、試験的稼働直後から急激にユーザー数が増大したりすることもあり得ます。

DX案件ではビジネス環境の変化や将来動向などを把握したうえで、現場に近い目線で迅速かつ的確な投資判断や遂行管理をしていかなければなりません。段階的な予算措置とその柔軟な運用が求められ、必要なときに素早く判断できるようにしておかなければなりません。

時には実施の中止や事業化の可否など、重要な判断をしなければならない場面もあるでしょう。プロジェクトの遂行過程でも、試行錯誤をくり返しながら段階的に目的に近づいていくケースもあります。しかし、アイデアやコンセプトはよいのだけれども、なかなか本番稼働や事業化の目途が立たない案件に、いつまでも時間と予算をさくことがあってはなりません。

したがって、重要なフェーズの節目ごとにチェックポイント（ゲート）を設け、実施・続行の可否を判断し、条件をクリアできなければ次の段階への投資は行わないという基本ルールを決めておくことが有効です[09]。それにより透明性のある運営が可能となり、無駄な投資を排除できます。

[09] DX案件の投資判断と遂行管理

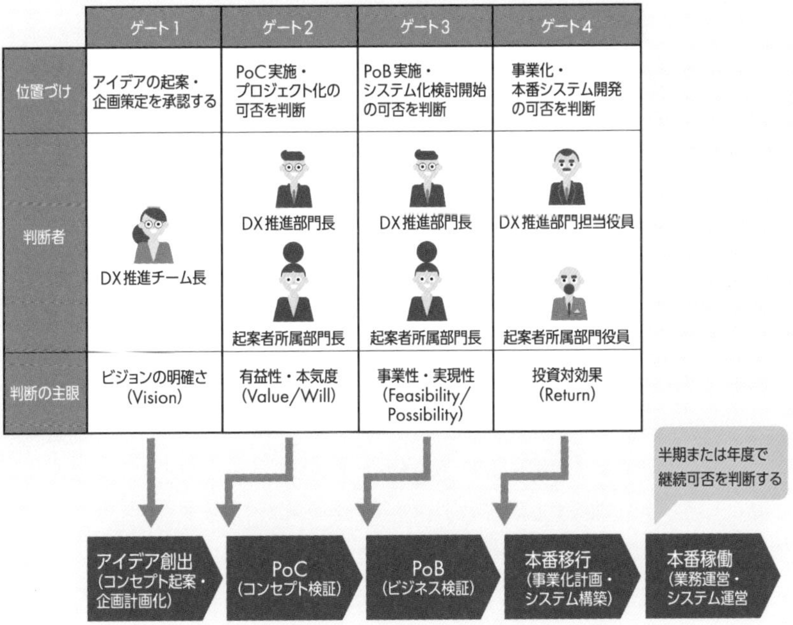

	ゲート1	ゲート2	ゲート3	ゲート4
位置づけ	アイデアの起案・企画策定を承認する	PoC実施・プロジェクト化の可否を判断	PoB実施・システム化検討開始の可否を判断	事業化・本番システム開発の可否を判断
判断者	DX推進チーム長	DX推進部門長 起案者所属部門長	DX推進部門長 起案者所属部門長	DX推進部門担当役員 起案者所属部門役員
判断の主眼	ビジョンの明確さ (Vision)	有益性・本気度 (Value/Will)	事業性・実現性 (Feasibility/Possibility)	投資対効果 (Return)

アイデア創出（コンセプト起案・企画計画化） → PoC（コンセプト検証） → PoB（ビジネス検証） → 本番移行（事業化計画・システム構築） → 本番稼働（業務運営・システム運営）

半期または年度で継続可否を判断する

SECTION 10:

[フェーズ別]
重要チェックリスト

DXの推進プロセスに
不確実性はつきものです。
したがって、フェーズごとにチェックリストを用いて評価し、
修正や続行などについて判断を行うことが推奨されます。

◆DXにはチェックリスト方式の評価が有効

これまでのIT投資案件では、事前審議の際に、費用対効果や業務上の効果（業務時間、処理件数、リードタイムなど）を定量的に測定できるKPIで表した目標設定を行うことが一般的でした。

一方、DX案件は費用対効果や業務上の効果を定量的に表すことが難しいものが多いといえます。とくに「不連続型イノベーション」の案件は、そもそも「現状」が存在するわけではないので、顧客数や売上高といった効果の規模を想定することが困難です。したがって、定量的評価にこだわらず、チェックリストの項目をクリアしているかを見る評価方法が有効です。

◆フェーズごとの判断基準は？

DXの推進は大きく4つのフェーズに分かれています。次のフェーズに移るかを決めるチェックリストについて、フェーズごとに整理してみます。

最初のフェーズはDX案件の「アイデア創出」です。この段階では、失敗を恐れず、または失敗する可能性も覚悟したうえで「最初のひと転がり」を俊敏に回せるように、チェックは厳しすぎないほうがよいでしょう。アイデアを案件として取り上げるかを判断するにあたっては、ビジョン（対象領域や目指す姿）の明確さという定性的評価にとどめるのが賢明です。これが第1関門（ゲート1）です。

次に、プロジェクト化して「PoC」を実施するかどうかを決定する段階（ゲート2）では、その施策の有益性や起案者の本気度が問われます。PoCは、解決策

や施策のコンセプトに関する仮説があって、それが適切かどうかを検証することであるため、そもそも仮説が明確に存在しなければなりません。単に先進技術を試してみたいとか、面白い思いつきだからやってみたいというのでは「DXごっこの罠」に陥ることとなります（P.116参照）。利用者や潜在顧客が明確で、その反応を確認できる状態であるかどうかがポイントとなります。

「PoB」の実施判断（ゲート3）では、その解決策や施策が事業や業務として成立する（事業性）と、技術や体制を含めて実現可能か（実現性）を重視した評価が必要です。システム化が必要な場合は、構築費や運用費も考慮します。

「本番移行（事業化計画およびシステム構築）」の段階（ゲート4）では、多額の費用が発生する場合も多いため、費用対効果や損益分岐点の目標を示し、経済合理性が確認します。社内外の協力者、商品・サービスの提供経路、品質やセキュリティに関する懸念なども考慮しなければなりません。そして、「本番稼働（業務運営およびシステム運営）」に入ってからも、ビジネス環境の変化や技術の進展が常に発生するため、半年や1年ごとに継続の可否を判断する必要があります。

[10] フェーズごとのチェックリスト

	ゲート1	ゲート2	ゲート3	ゲート4
ビジョンが明確か？(Vision)	□対象領域目指す姿（変革後）	□利用者・潜在顧客	□利用者・潜在顧客に提供する価値	□目指す姿が、将来のビジネス環境や技術の変化を考慮したものである
有益性は？(Value)	□従来案件との相違 □課題・解決策・メリット	□利用者・潜在顧客が課題・解決策に同意している	□利用者・潜在顧客が提供価値に同意・共感している	□将来のビジネス環境の変化を考慮した提供価値やメリットが明確である
本気度は？(Will)	□起案者が先進事例や市場動向を調査している	□起案者が企画案をみずから作成し、利用者や潜在顧客にヒアリングなどを行っている	□推進リーダーが決まっている □社内外の協力者にアプローチしている	□社内外の関係者・協力者と良好な関係を構築できている
事業性は？(Feasibility)	―	□対象業務または市場および利用シーンが明確である	□適用対象部門または初期顧客が決まっている	□価値を提供する経路やパートナーが決まっている □改良・成長のロードマップが描けている
実現性は？(Possibility)	―	□検証フィールドが決まっている □想定する採用技術の検証計画が策定されている	□採用技術が検証済みである □プロジェクト体制が整っている □実行計画が明示されている	□品質・セキュリティなどが確保されている □事業化・本番化後の運営体制が定まっている
投資対効果は？(Return)	―	□収益源または受益者が明確である	□支出が試算されている □収益・効果に対する時限つきの目標が設定されている	□投資回収計画と損益分岐点の目標が明示されている □経済合理性が確認できる

SECTION 11:

DXプロジェクトの役割分担の決め方

DXに関わるプロジェクトは、
事業の最前線となる現場（工場や店舗など）、営業・マーケティング部門、
IT部門など、多くの部門の関与を必要とするものが多いため、
役割分担を明確にすることが重要です。

◆DX推進で直面しやすい課題

DXを推進する際、関係する部門の役割分担に関して、以下のような課題に直面することがあります。

- PoCの実施にあたって、DX部門が事業部門に協力を求めても「忙しい」「付き合っている時間はない」と言われる。
- 用途や適用業務が確定していない先進的な技術の適用検証を行う際に、実証実験に協力してくれる部門が見つからない。
- PoC、PoBまでは部門横断プロジェクトを組んで協力して行ったが、本番移行の段階になって主体となる部門が決まらず停滞する。
- 本番化までの目途が立ったが、システム稼働後の運用を担う部門がなかなか決まらない。
- 事業部門が進めてきたDXプロジェクトが、本番稼働の直前になってIT部門にシステム運用が任されることになり、準備が間に合わなくなる。

◆フェーズごとに「どの部門がどういう役割を担うか」を明確にする

そもそもDXプロジェクトは、業務や事業の変革を伴う取組みであるため、DX推進組織が単独で推進するよりも、事業部門などの関係する組織を早期から巻き込み、協力体制を構築することが重要です。

一般的なDXプロジェクトは「アイデア創出」「PoC」「PoB」「本番移行」「本番稼働」といったフェーズを踏んで進められますが、このフェーズごとに主体とな

る組織や、関係する組織の役割における選択肢が考えられます。理想的なのは、プロジェクトを開始する時点（[11]の「計画化」の段階）で、その後の役割分担が明確になっていることです。具体的には、[11]に示した各フェーズの選択肢のどのパスを通るのかを明示し、事前に関係部門との合意を取りつけておきます。

とくに、システム構築を含む「本番移行」やシステム運営を含む「本番稼働」などの後段のフェーズを実施するためには、前もって人員を用意したり、環境を整備したりしておかなければならないことも多く、早期に役割を明確にしたうえで合意しておかなければ、準備が間に合わないということになりかねません。

[11] DXプロジェクトの役割分担

アイデア創出（発案・起案）	計画化（企画・計画立案）	PoC（仮説・技術検証）	PoB（本番化検証・計画）	本番移行（システム構築・移行）	本番稼働 事業・業務運営	本番稼働 システム運営
DX部門	DX部門	DX部門	DX部門	DX部門	DX部門	DX部門
事業部門	協力 DX部門が主体となり、事業部門が協力	DX部門が主体となり、事業部門が協力	DX部門が主体となり、事業部門が協力	IT部門		IT部門
その他（外部からの提案など）	支援 事業部門が主体となり、DX部門が支援	事業部門が主体となり、DX部門が支援	事業部門が主体となり、DX部門が支援			
	事業部門	事業部門	事業部門	事業部門	事業部門	事業部門

SECTION 12:

DXプロジェクトの特性に合った推進体制の構築法

DXプロジェクトの推進体制は、案件を特性に応じて分類し、
それぞれのプロジェクトオーナーと、
おおまかなフェーズごとの関係部門の役割分担に関する原則を
設定しておくと合理的です。

◆まずはDX案件の特性を見きわめる

理想的なのはプロジェクトを開始する時点で役割分担が明確になっていることですが、DXプロジェクトは不確実性が高い案件が多く、推進過程で適用業務や関与部門が変わることもあるため、事前にすべてを決定することは難しい場合があります。そこで、プロジェクトの重要なフェーズの節目ごとに、それ以降の役割分担を決定するという方法も考えられます。

しかし、案件ごとに異なる担当者が、異なる関係部門と交渉・調整し、そのつど合意を形成することは合理的とはいえません。

そこで、案件の特性に応じて、役割分担の原則を設定しておくことが推奨されます。案件の特性とは、プロジェクトのタイプ（漸進型／不連続型）、適用部門の範囲（特定部門／複数部門／全社など）、用途（適用事業・業務）、活用する技術の成熟度、社内システムとの関係などです。

たとえば、用途が確定しており、適用範囲が特定の部門に限定される案件は、当該事業部門がプロジェクトオーナーとなり、DX推進部門は支援の役割を果たすことが望ましいといえます。一方、技術成熟度が低く、用途が未確定の案件は、DX部門が牽引役となって適用業務を探索するとよいでしょう。

◆原則は4つのタイプに分けて決めておく

［12］は、ある製造業のDX推進部門が設定した案件タイプ別の推進体制です。この例では、案件のタイプを「全社案件」「特定部門の案件」「複数部門の案件」

「実験的な案件」の4つに分類し、それぞれのプロジェクトオーナーと、おおまかなフェーズごとの関係部門の役割分担に関する原則を設定しています。原則はあくまでも標準的な位置づけとして示されており、案件の特性に応じて個別に交渉・調整して異なる役割分担を設定することもできるようにしています。

DXプロジェクトが停滞したり、迷走したりするケースには共通点があります。その中でも重要な要素が、推進者のモチベーションや関係者の当事者意識といった人の問題と、協力体制や利害関係といった組織に関わる問題です。DXプロジェクトを円滑に進めるためには、全社的に認識された基本プロセスと役割分担の原則が必要であり、それらをベースに柔軟な運用を行うことが求められます。

[12] DXプロジェクトの特性に応じた推進体制(例)

	プロジェクトオーナー	起案〜PoCに	システム導入・開発	運営
全社案件(テレワーク支援など)	DX部門	DX部門	DX推進室がPM※となり、IT部門とグループシステム会社が実施	IT部門がオーナーとなり、グループシステム会社が運用
特定部門の案件(業務プロセス改革など)	事業部門	事業部門が主体となり、DX部門が支援	事業部門がPMとなり、グループシステム会社が実施	事業部門がオーナーとなり、運用・保守を実施グループシステム会社が支援
		社内システムとの連携が必要な場合はIT部門がプロジェクトに参画		
複数部門の案件(現場監視など転用可能性のあるもの)	(当初)DX部門	DX部門が主体となり、特定部門が協力	開発着手前にオーナー部門を決定(複数共同もあり)	オーナー部門が運用し、グループシステム会社が支援
実験的な案件(AIなど適用領域が未確定のもの)	(当初)DX部門	DX部門が主体となり、特定部門が協力	開発着手前にオーナー部門、開発体制、運用体制を決定	

※PM:プロジェクトマネージャー

DXを実践する手順とポイント

1 「5つの処方箋」に気を配る

企業がDXを推進するためには、過去の常識や方法論、成功体験を捨てて臨まなければならない場面が多くあります。この姿勢を維持するためには、「なぜ、自社にDXが必要なのか」「DXによってどこを目指すのか」という意識を社員が共有する「WhyとWhereの追求」など、下図に掲げる5つの処方箋が効果的です。

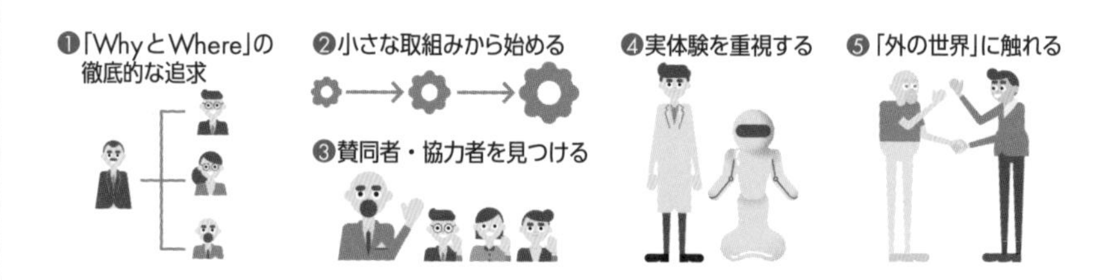

2 2段階方式で進める

コストをかけずに試作品をつくり、顧客の反応などを見ながら改善するサイクルを短期間にくり返すことで、ムダを抑えて事業化を進める考え方を「リーンスタートアップ」といいます。DXの推進では、この考え方を取り入れるとよく、具体的には2段階で進めます。まず小さな取組みを成功させてから、順次、環境を整備しつつ全社的な取組みへと拡大させていくのです。

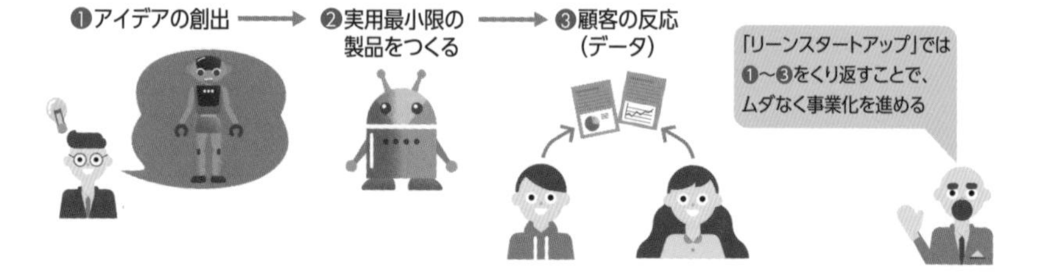

PART4では、DXのおもな失敗要因について触れた後、効果的な処方箋を紹介し、さらに推進の手順や体制などについて解説しました。その内容をおさらいしましょう。

3 イノベーションを可能にする発想法のコツ

DXには既存事業を対象とする「漸進型イノベーション」と新規事業を対象とする「不連続型イノベーション」がありますが、どちらにもこれまでとは異なる発想法が求められます。前者ではこれまで十分にテクノロジーが入り込んでいない領域に着目し、適用可能性を模索します。後者では3Cと4Pに着目するのがポイントです。

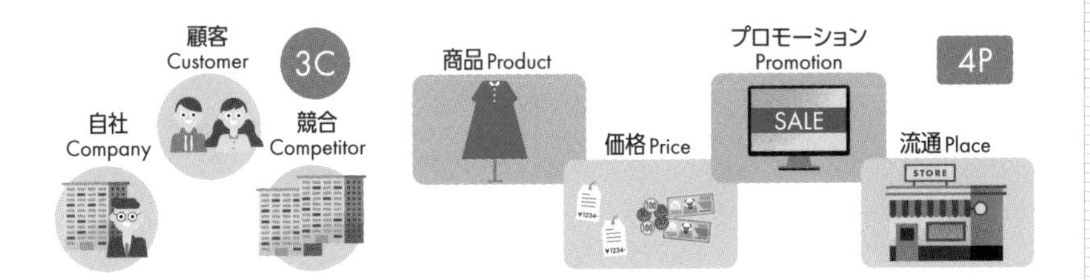

4 DXの基本プロセスと推進体制

一般的なDXプロジェクトは、「アイデア創出」「PoC（コンセプト検証）」「PoB（ビジネス検証）」「本番移行」「本番稼働」というフェーズを踏んで進められます。一連の流れをスムーズに進めるためには、フェーズごとに主体となる組織や関連組織の役割について早期に、できればプロジェクト開始時点に明確にしておくことが望ましいといえます。

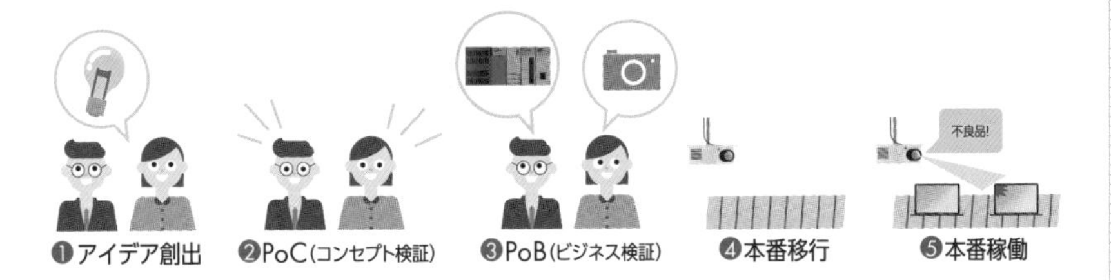

COLUMN | DXの小噺④

変革につながる学びは実体験から生まれる

20年ほど前、インターネットの台頭によってEコマースやネットビジネスがにわかに注目されたときがありました。企業ではEビジネス推進室を設置するなど、現在のDXと似たような盛り上がりを見せ、こうした取組みの推進者に向けたセミナーも盛んに行われていました。

しかし、著者がある講演会で、Eビジネス推進者である受講者に対して「みなさんの中で、ネットで買い物をしたことがある人は挙手してください」と問いかけたところ、1割程度しか手が挙がりませんでした。自分で一度もネットで買い物をしたことがない人が、Eビジネスを推進しようとしていたのです。

新たなテクノロジーやビジネスモデルについては、書籍や研修で知識を習得するだけでなく、実際に利用したり、制作したりして自分の手で触れてみることが大切です。今は、AIスピーカーやVRグラスなども比較的安価で手に入りますし、体験型の3D工房やオープンラボなどの施設も多数存在します。シェアリング・エコノミーやネット上のサービスなども、気軽にお試しで利用できるものがたくさんあります。デザイン思考やアジャイル開発などの手法も、実際に体験できるワークショップやハンズオンセミナーがあちこちで開催されています。試作版のスマートフォンアプリをクラウド上で製作して一部の利用者に使ってもらい、評価を得ることもできます。手軽に試せることがDXの魅力でもあるのです。実体験が多くの学びを与えてくれるはずです。

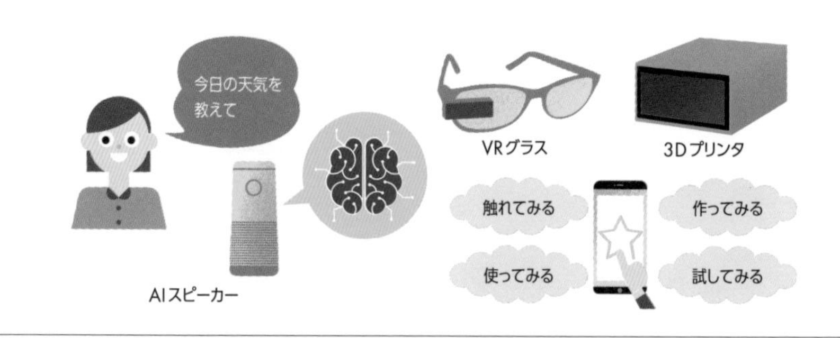

PART

5

DXで変わる これからの社会・企業・ビジネスとは?

SECTION 01:

テクノロジーの進展で社会はこう変わっていく

デジタル化によって
社会や私たちの日常生活は大きく変わってきています。
しかし、これまでの10年よりも
これからの10年のほうが確実に大きく変化するはずです。

◆加速するテクノロジーの普及速度

テクノロジーの進展は、これまでも世の中を大きく変えてきました。たとえば1900年のニューヨーク市では馬車が行き交っていましたが、わずか15年後には自動車が主流となりました。カーナビも、駅の自動改札も、コンビニエンスストアの電子マネー決済も、テクノロジーは人々の利便性を高めるために従来のやり方を置き換え、仕事を奪いながら進展してきました。

それでは、これまでのテクノロジーの普及や進展と、現在の「デジタル」という言葉で表現される変化とは、どこが大きく異なるのでしょうか。

１つは時間です。技術が生まれてから普及するまでの時間が急速に短くなっています。たとえば、新しい技術が誕生してから50％以上の人々が使うようになるまでに、自動車は80年以上かかりましたが、テレビは30年、インターネットは20年未満、携帯電話は約10年といわれています。アップルの初代iPhoneが日本で発売されたのは2008年ですが、スマートフォンの世帯保有率が50％になるまでに5年もかかっていません[01]。わずか十数年の間にスマートフォンで読書やゲームを楽しむ、地図アプリでお店を探す、自宅からビデオ通話で会議に参加するといった行為が当たり前になりました。しかし、これまでの10年よりも、これからの10年のほうが大きく変わることは間違いありません。

◆これからの社会を変えるテクノロジーとは？

クラウド、ビッグデータ、ブロックチェーンなど、これからのデジタル化社会を牽引するテクノロジーは多岐にわたりますが、中でも重要な役割を担うのはIoT、AI、5Gの3つでしょう。そして、これらのテクノロジーは単独で活用されるだけでなく、組み合わされることでより大きな影響をおよぼします。

たとえば、IoTで収集した現実世界のビッグデータを5Gでリアルタイムにクラウドに送り、それをAIが学習し、新たな価値を生み出して現実世界にフィードバックするような応用方法が多方面で展開されることでしょう。それらは自動運転、遠隔医療、防災・防犯などすでに考えられている分野だけでなく、私たちがまだ想像もしていない応用分野を生み出していくのに違いありません。

「人間が想像できることは、人間が必ず実現できる」。これは、19世紀のフランス人小説家で「SFの父」と呼ばれたジュール・ヴェルヌの名言です。そのとおり、彼が空想の中で100年以上も前に書いた『海底2万マイル』や『月世界旅行』などはすでに実現されています。デジタルテクノロジーによって、それがまた目の前で証明されようとしているのです。

[01] 社会を変えるテクノロジーの進展

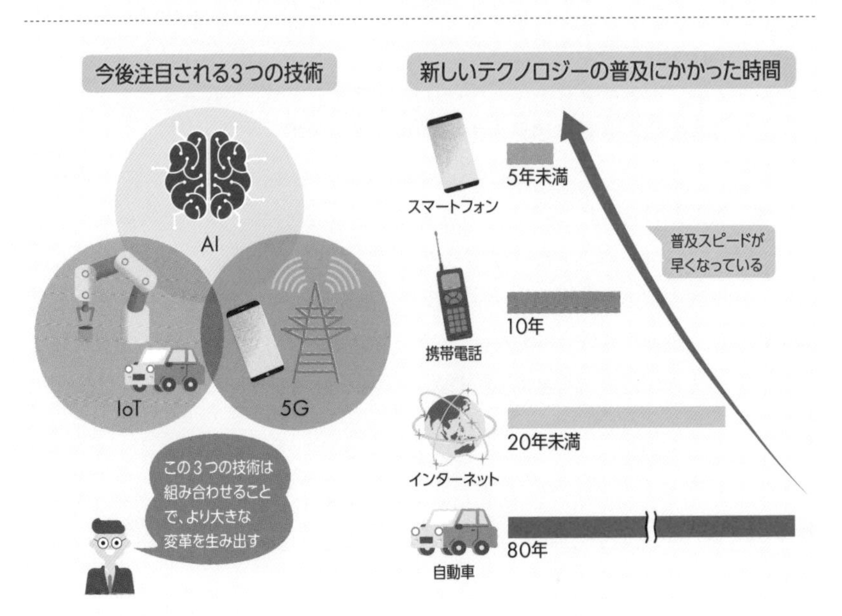

SECTION 02:

デジタルディスラプションの第2波がやってくる

DXの引き金の1つとなったデジタルディスラプション。
その勢いはとどまるところを知らないようです。
今、デジタルネイティブ企業だけでなく、B2B企業を含む大企業を巻き込んだ、
より大きな波が押し寄せようとしています。

◆デジタル化の第2の波とは？

デジタル技術やその活用を前提とした新たなビジネスモデルによって、既存企業の優位性や従来の業界構造を破壊するような現象をデジタルディスラプション（P.24参照）と呼びます。文字どおり、デジタル化が引き起こすディスラプション（破壊）という意味ですが、その最初の波は主力の製品・サービスやその取引プロセスが容易にデジタル化される領域に押し寄せました。

具体的にはハイテク業界および通信業界、ニュースや音楽などのコンテンツがデジタルメディアを介して提供されるようになったメディアおよびエンターテインメント業界、取引がオンライン化された小売業や金融サービスなどです。

そして現在では、さらにビジネスモデルやプロセス、バリューチェーンをも飲み込むビッグウェーブとなる第2波がB2B企業を含むあらゆる業界に押し寄せています。第2波の特徴は、従来のバリューチェーンを解体（アンバンドル）し、異なる組み合わせ（リバンドル）によってエコシステムを形成することで新たな顧客価値や市場を創出することです。銀行業と小売業、通信業とヘルスケアなど業種を問わない融合が発生しており、「プラットフォーマー」と呼ばれるデジタル勢力が業界をまたいだ事業を展開し、従来の業種の境目を曖昧にしています。このビッグウェーブを回避することはもはや不可能です。

◆大企業もみずからディスラプションを起こす時代へ

デジタル化の第1の波の多くは、デジタルネイティブ企業と呼ばれる新興企業

によって巻き起こされたものです。小売業界にはAmazon、メディア業界にはNetflix、タクシー業界にはUberといった具合です。

しかし、第2波の主役はこうした新興勢力だけではなくなるでしょう。とくに、バリューチェーンをも飲み込むビッグウェーブとなれば、既存の大企業が登場する可能性が大いに高まります。実際、たとえば2020年3月、トヨタ自動車とNTTが業務資本提携を発表しました。相互に約2,000億円を出資し、自動運転技術やAIを活用して、家電、住宅設備をインターネットでつなぐ「スマートシティ」構想を連携して推進するということです。また、この動きは2社だけでなく、住宅メーカー、家電メーカーなどをオープンマインドで巻き込んでいくとしています。

これまではグループ企業、ケイレツ、サプライチェーンといった枠組みで企業が連携・協力してきましたが、今後は企業の大小、新旧、資本関係、業界を問わずダイナミックな組み合わせによって、新たな社会システムや業界構造が構築されていくと考えられます。

[02] デジタルディスラプションの第2波

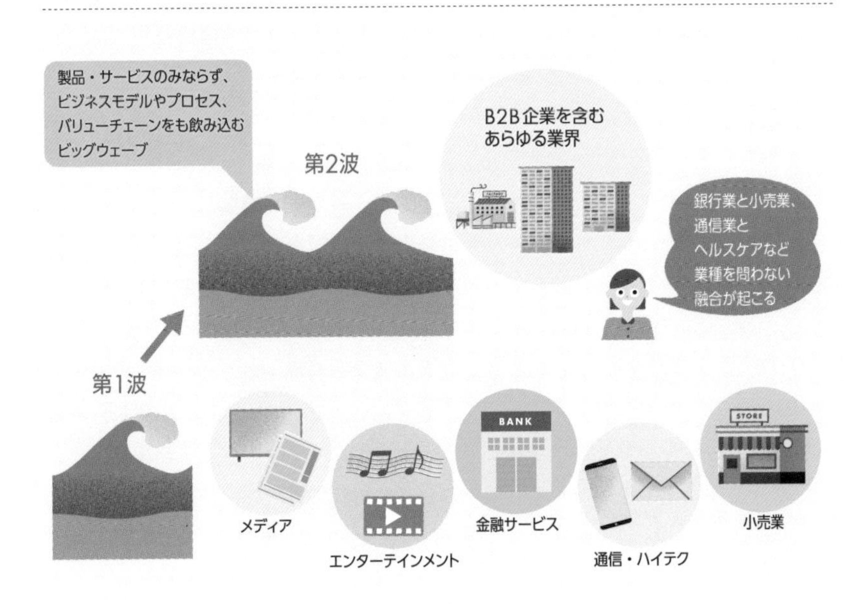

SECTION 03:

すべてがデータでつながる時代へ——経済はこう変わっていく

デジタル化がさらに進展した社会・産業では、
データの重要性がますます高まります。
あらゆる場面でデータが収集され、分析され、
その結果が現実社会にフィードバックされ、人々の生活をよりよいほうへ変化させます。

◆「データ・ドリブン・エコノミー」の台頭

現在は、AIやIoTに代表されるテクノロジーの進展、シェアリング・エコノミーやプラットフォーム戦略などの新たなビジネスモデルの台頭、テックベンチャーへの投資やM&Aなどによるエコシステムの構築などの新たな経済活動の広がり、といったさまざまな事象が同時並行で進行しています。あらゆる場面で「デジタル」が語られるために、多少混乱気味ともいえます。

それでは、今後さらに進展する「デジタル時代」とはどのような時代を指しているのでしょうか。さまざまなとらえ方がありますが、1つの重要な視点は「デジタルが当たり前になった社会」の到来であり、「すべてがデータでつながる時代」といえます。

「すべてがデータでつながる時代」には、生活者の衣・食・住、交友関係、健康状態、購買・移動などの行動情報にとどまらず、気候や交通などの社会環境情報、企業の事業や業務にかかわる営みなど、あらゆる情報をデジタルデータとして捕捉できるようになります。そして分析や予測に活用され、その結果が現実社会にフィードバックされます[03]。

AI、IoT、5Gなどは、このようなデジタル社会を実現するための技術要素であり、シェアリング・エコノミーやプラットフォーム戦略は、それを活用した事業形態のバリエーションと捉えられます。また、ベンチャー投資や業務提携はそのような経済環境で生き残ったり、競争力を高めたりするための企業戦略の施策といえます。『データ・ドリブン・エコノミー』(森川博之 著、ダイヤモンド社)では、「リアルな世界から集めたデータが新たな価値を生み出し、あらゆる企業・産

業・社会を変革していく一連の経済活動」を「データ・ドリブン・エコノミー（データ駆動型経済）」と呼んでいます。

◆企業のためのデータ活用から社会のためのデータ活用へ

現時点でGoogleやFacebookなどのプラットフォーマーは、利用者の検索や投稿などに関する膨大なデータを保有しています。Eコマース事業者やUberのようなシェアリング・エコノミー事業者にも購買・利用・移動など生活者のデータが蓄積されています。現時点では、そうしたデータのほとんどは広告や推奨など、マーケティング目的で活用されています。つまり、モノやサービスをもっと買ってもらうためにパーソナルデータが集められているのです。

しかし今後は、より快適に暮らせるように生活者に還元する、さらには社会・地球に還元するためにデータが収集されるようになるでしょう。データとデジタル技術によって地球環境、食糧問題、パンデミック、防災、過疎地の移動難民などさまざまな社会課題を解決することが期待されています。それは、データには「価値や便益がより多く提供されたところに集まる」という特性があるからです。

[03] すべてがデータでつながる時代へ

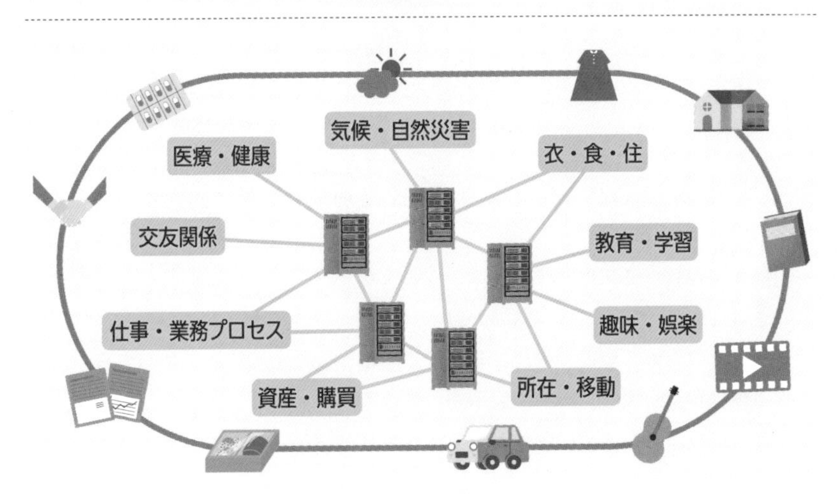

SECTION 04:

DXのその先の未来
——世界はどうなるのか？

「すべてがデータでつながる時代」には、
社会・経済システムのあり方、個人のライフスタイル、
企業が目指すべき存在価値など、
あらゆる面で世界観が大きく変わることが想定されます。

◆「アフターデジタル」の世界観

これまでは、リアル（店や対面）で接点を持つ人が、ときどきデジタル（Eコマースや SNS）でもつながるというのが一般的な考え方でした。しかし、モバイルやIoTの浸透によってあらゆるデータが捕捉可能となると、むしろリアルの世界がデジタル世界に包含されるようになるでしょう。

『アフターデジタル』（藤井保文・尾原和啓 著、日経BP社）では、このような現象を「アフターデジタル」と呼んでおり、デジタルで常に接点があることを前提とし、リアルな接触はその中の特別な体験の一部となると説明しています。これは企業と顧客の接点のみを指すものではありません。バリューチェーンやエコシステム内の企業間の取引関係、生産活動を含む企業内の業務プロセス、人の移動や物流など、あらゆる社会的・経済的活動がデジタルでつながることを前提とし、リアルなやり取りや業務はその一部となることを意味します。

◆リアルよりもデジタルが基盤となる社会

これまでの資本主義市場経済では、大量生産・大量消費を前提とし、中央集中型で専有的なしくみで生産、流通、コミュニケーション、輸送などが行われてきました。そのため、規模の経済によって効率と生産性を高めることができ、生産者側の経営資源が大きいことが競争優位性の源泉となっていました。しかし、資本主義市場経済の最適化に限界が見えてきたことに加えて、デジタル技術の進展によって物理的な制約を排除した、新たな経済活動が可能となっています。

これから30〜40年の間にさまざまな分野で、物理から仮想へ、モノからサービスへ、所有から共有へ、消費から循環・再生へといったシフトが進み、オープンで分散型の限りなく費用がゼロに近い共有型の経済システムが形成されていくことが予想されます。生産活動がゼロになるわけではありませんが、一度つくったものを再生・共有・再利用することで、限界費用を大幅に低く抑えた経済活動が展開されるでしょう。消費者は、消費者であるとともに生産者にもなり得ますし、生産者と消費者の区分は不明瞭になっていきます。

また、消費者側のスケールメリットが重要となり、エコシステム参加者が多いほど提供価値が増大します。これは、デジタル技術やデータを基盤とした新たな社会システムや経済環境ができあがることを意味します。

今、世界的にSDGs（Sustainable Development Goals：持続可能な開発目標）が注目されているのも、これまでの資本主義市場経済が衰退する前に、未来の目標となる新たな社会秩序や経済システムを求めているからでもあります。

[04] DXの先の世界観

これまでの世界観		アフターデジタルの世界観
物理	→	仮想
モノ	→	サービス
所有	→	共有
消費	→	循環・再生

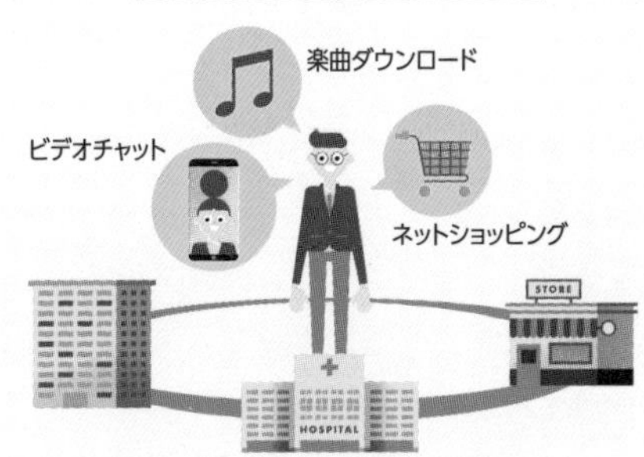

リアル（店や人）で接点を持つ人が
たまにデジタルでもつながる

デジタルで常につながっている人が
たまにリアルの場での接点を持つ

SECTION 05:

未来のDX
——企業はどうなるのか?

デジタルが広く深く浸透した未来において、
企業はどのような存在となっているのでしょうか。
また、そのとき、DXは
どのような進化を遂げているのでしょうか。

◆DXの本質も進化する

PART1で、経済産業省によるDXの定義は「企業がビジネス環境の激しい変化に対応し、データとデジタル技術を活用して、顧客や社会のニーズを基に、製品やサービス、ビジネスモデルを変革するとともに、業務そのものや、組織、プロセス、企業文化・風土を変革し、競争上の優位性を確立すること」であると述べました。しかし今後、DXの本質的な意味が変わっていくと考えられます。

まず、現時点でデータやデジタル技術は「手段」と位置づけられていますが、今後は「前提」に変わります。社会や経済活動全体が高度にデジタル化されている世界に適応した企業に、まるごと生まれ変わることがDXの本質となっていくでしょう。

ビジネスモデル、顧客との取引や接点、働き方や社内の業務プロセス、意思決定や組織運営の方法、組織カルチャーなどすべてが、デジタルを前提として組み立てられている企業が今後の目指す姿です。つまり、「デジタルで企業を変革する」のではなく「デジタルに企業を変革する」ことです。

また、現在の定義では「競争上の優位を確立すること」が目的とされていますが、これも変わってきます。つまり、同業他社やデジタルディスラプターを競合とみなし、他者との比較において優位を確立するのではなく、デジタルで新しい競争原理をつくりだす時代となっていきます。創出した競争原理も未来永劫有効ではないため、常に新たな価値創造に向けて攻め続けなければなりません。

◆連続的なS字カーブを生み出し続ける企業へ

既存企業には、これまで成功してきた事業をよりよくする「深化」と新規の事業や競争原理をつくりだす「探索」の2つを両立させる「両利きの経営」が必要であると述べました（P.32参照）。また、どんな事業にも「黎明期」「成長期」「成熟期」というライフサイクルがあり、それは「成長のS字カーブ」と呼ばれています。

目まぐるしく変化し、進展し続けるデジタル化の時代に成長し、生き残っていく企業とは、１つの事業のS字カーブが成熟期を迎えていることを早期に察知し、既存事業を「深化」によって維持・改善しつつ、既存事業が衰退して強みが枯渇する前に「探索」を断行し、次のS字カーブをつくりだせる企業です。

そして今後、次なるS字カーブを探索するにあたっては、物理、モノ、所有、消費といった従来の常識にとらわれず、仮想、サービス、共有、循環・再生の価値観を重視し、デジタルを前提に考えなければなりません。それには、これまでのような自社のコンピタンスや製品を中心にすえた課題解決型アプローチではなく、未来志向で社会課題を見すえた問題発見型アプローチが求められます。それは企業の存在意義や存在価値をゼロから問い直すことを意味します。

[05] DXの先に目指すべき企業像

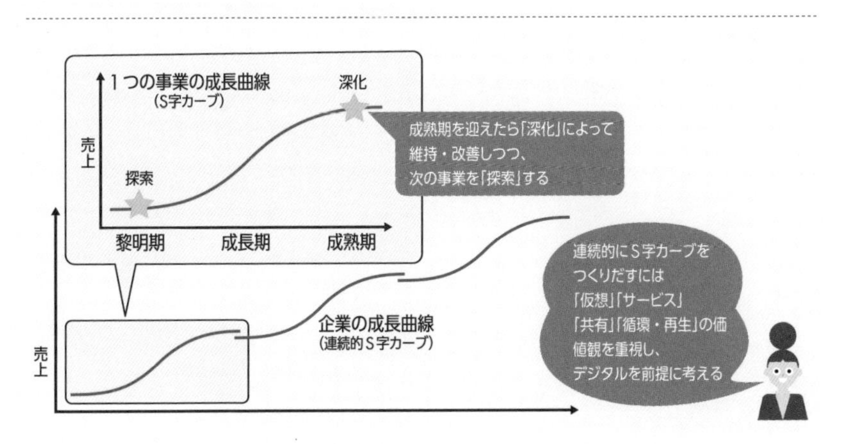

DXは未来をどう変えるか?

1 これから世界はかつてない大きな変化を迎える

デジタル化によって社会や私たちの日常生活は大きく変わりましたが、これまでの10年よりもこれからの10年のほうが大きく変化するはずです。中でも重要な役割を担うのはIoT、AI、5Gの3つでしょう。これらのテクノロジーは単独で活用されるだけでなく、組み合わされることでより大きな影響をおよぼします。

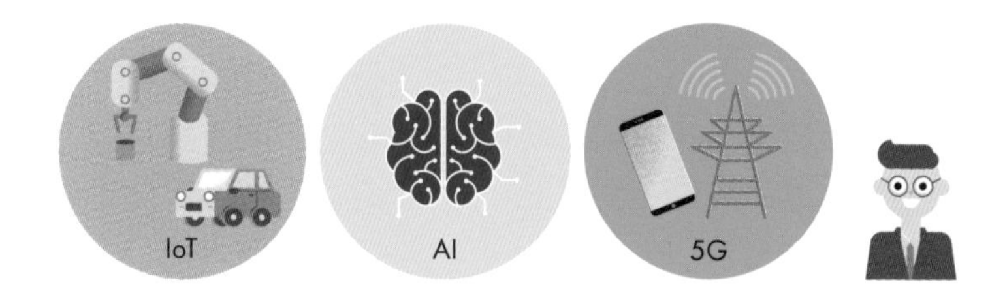

2 デジタルディスラプションの第2波が来る

デジタルディスラプションの第1波は、AmazonやNetflixなどデジタルネイティブ企業と呼ばれる新興企業によって巻き起こされました。しかし、今起こりつつある第2波には既存の大企業も登場し、ビッグウェーブとなる可能性が高いといえます。また、企業の大小、新旧、業界などを問わずダイナミックな連携によって、新たな社会システムや業界構造が構築されていくことが予想されます。

PART5では、私たちを取り巻く世界の状況や予測される変化について解説し、さらにそうした中で生き残る企業の条件について見解を述べました。その内容をおさらいしましょう。

3 リアルよりもデジタルが基盤となる社会へ

これまでは、リアル（店や対面）で接点を持つ人が、ときどきデジタル（Eコマースや SNS）でもつながるというのが一般的な考え方でした。しかし、モバイルやIoTの浸透であらゆるデータが捕捉可能となると、むしろリアルの世界がデジタル世界に包含されるようになるでしょう。これから30〜40年の間にさまざまな分野で物理から仮想へ、モノからサービスへ、所有から共有へ、消費から循環・再生へといったシフトが進むことが予想されます。

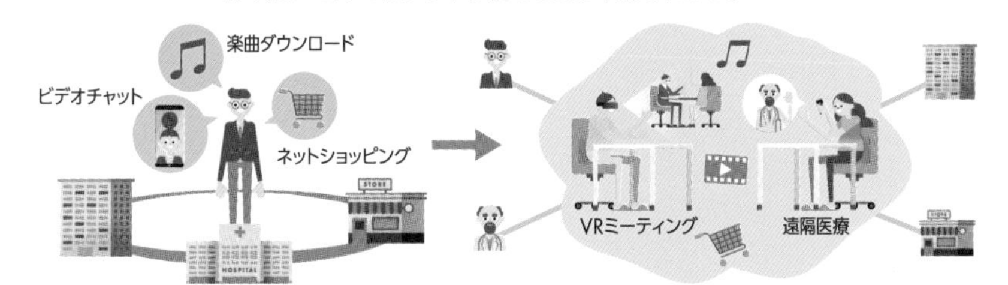

4 S字カーブを生み出し続ける企業が生き残る

事業には「黎明期」「成長期」「成熟期」というライフサイクルがあり、それは「成長のS字カーブ」といわれています。目まぐるしく変化し続けるデジタル時代に生き残り、成長していく企業とは、デジタルを前提として、1つの事業が成熟期を迎えたことを早期に察知し、「深化」によって維持・改善しつつ、新規ビジネスの「探索」も断行し、次のS字カーブをつくりだし続けられる企業です。

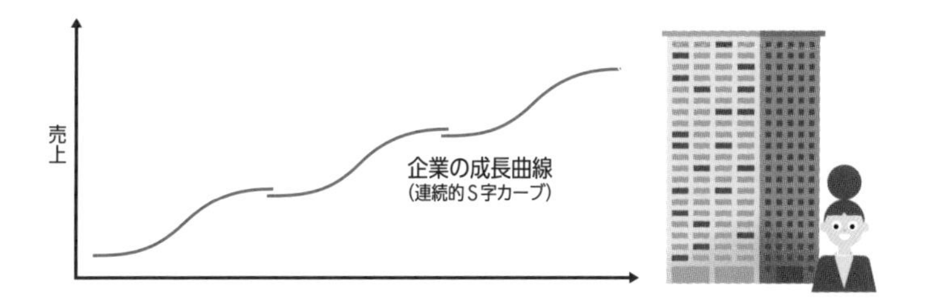

用語解説

3D技術　3次元の構造を取り扱う技術の総称。立体の構造物を出力する3Dプリンタ、対象物の凹凸を感知して3Dデータとして取り込む3Dスキャナなどがある。

AIスピーカー　AI（人工知能）を搭載した据え置き型スピーカーの総称で、スマートスピーカーとも呼ばれる。ユーザーの発話を解釈し、音声で指示されたさまざまな操作を実行できる音声アシスタント機能が搭載されており、会話と同じような自然な言葉で操作できる。

API［Application Programming Interface］あるソフトウェアの機能などを、他のプログラムから呼び出して利用するための手順やデータ形式などを定めた規約のこと。

CASE［Connected/Autonomous/Share・Service/Electric］2016年のパリモーターショーにおいて、ダイムラーAGのCEOでメルセデス・ベンツの会長を務めるディエター・チェッチェ氏が用いたといわれる自動車業界の今後の方向性を示す動向を表した造語。コネクテッド化、自動運転化、シェア／サービス化、電動化の4つを意味する。

CDO［Chief Digital Officer］チーフ・デジタル・オフィサーの略で、企業のデジタル戦略を立案し実行する統括責任者を指す。

DXレポート　経済産業省が2018年9月に発表した企業のDX（デジタルトランスフォーメーション）推進を啓発することを目的としたレポート。「2025年の崖」というITシステムの問題を指摘した表現が話題となり、多くの経営者がDXに取り組むきっかけとなったといわれる。

DX推進ガイドライン　「DXレポート」における提言をもとに、DXの実現やその基盤となるITシステムの構築を行っていく上で経営者が押さえるべき事項を明確にすることを目的として、2018年12月に経済産業省が発表した資料。DX推進のための経営のあり方、仕組み」と「DXを実現する上で基盤となるITシステムの構築」の2つから構成される。

FinTech Finance（金融）とTechnology（技術）を組み合わせた造語で、ITを活用した金融サービスを指す。個人の決済や資産管理、企業の会計や納税など、多岐にわたるサービスが展開されている。

MaaS ［Mobility as a Service］情報通信技術を活用して、運営主体を問わずあらゆる交通手段によるモビリティ（移動）を1つのサービスとしてつなぐ、新たな「移動」の概念。

RPA ［Robotic Process Automation］パソコンを使ったバックオフィス業務などを中心に、業務をソフトウェアに組み込まれたロボットが代行することで自動化する仕組みのこと。ソフトウェアロボットとも呼ばれる。

アカウント・アグリゲーション インターネットバンキングなどの金融サービスの利用者が保有する、異なる金融機関の複数の口座の情報を集約して、Webブラウザなどの画面から一覧して表示できるサービスの総称。

ウェアラブルデバイス 腕や頭部など、身体に装着して利用することが想定された端末（デバイス）の総称で、Google Glassなどのスマートグラス、Apple Watchなどのスマートウォッチが代表的な製品である。

オープン&クローズ戦略 自社の根幹を成す技術や情報を秘匿して競争力を高める一方で、根幹ではない技術や情報を公開することで市場の拡大を図り、有利な事業を展開するための戦略。

オープンデータ 誰もが利用できるように解放されたデータという意味で、誰でも自由に再利用できるように、あらかじめ許諾やデータ形式の整備が施されているデータを指す。

オムニチャネル 複数の販売チャネルを活用する「マルチチャネル」の進化形で、リアル（実店舗）とネット（インターネット通販）を融合し、マーケティング、販売、物流、顧客サポートなどを実現する取組み。

クラウド・ソーシング　不特定多数（Crowd：群衆）の寄与を募り、必要とする役務、サービス、アイデア、またはコンテンツを取得する方法。

コンセプト検証（PoC）［Proof of Concept］新しい概念や理論、原理、アイデアの有用性などを確認することを目的として、試作開発などの前段階に行う検証のこと。

サービタイゼーション　サービス化およびサービス業化を表すもので、生産した製品を販売して売上を生むのではなく、製品をサービスとして顧客に提供することによって売上を生むビジネスモデルのこと。

シェアリング・エコノミー　所有しているモノや場所などをインターネットを介して、個人間や企業間で共有する新しい経済の動き。自動車を個人や会社で共有するカーシェアリングや、ソーシャルメディアを活用して個人間の貸し借りを仲介するものなどさまざまな分野に広がっている。

スマートデバイス　情報処理端末（デバイス）のうち、単なる計算処理だけではなく、あらゆる用途に使用可能な多機能端末を指す。一般に、パソコンやサーバなどのコンピュータと区別して、スマートフォンやタブレット端末の総称として用いられる。

スマートファクトリー　工場内の機器や設備、工場内で行う作業などのデータを、IoTなどの技術を活用して取得・収集し、そのデータを分析・活用することで新たな付加価値を生み出せるようにした工場のこと。

チャットボット　対話（chat）するロボット（bot）という2つの言葉を組み合わせた造語で、テキストや音声を通じて自動的に会話するプログラムのこと。顧客への問い合わせ対応などで活用されている。

デジタルコンテンツ　文章、画像、音楽などの制作物や作品をデジタルデータ化して提供するもの。紙やCDなどの物理的な媒体でなく、電子書籍や音楽配信システムなど、ネットワークを介してオンラインで配信されるものが多い。

デジタルディスラプター　デジタル技術を活用した新しいビジネスモデルで、既存の業界に破壊的な影響力をおよぼす新興の事業者のこと。

デジタルネイティブ企業　おもに1995年以降に設立された企業で、コアコンピタンスとしてインターネット時代のITやデジタル技術を利用することにより、事業モデルおよび能力を築いている企業を指す。

ビジネス検証(PoB)［Proof of Business］一般的にPoCの後工程で行うもので、コンセプトとして有用と考えられるアイデアが、実現性やビジネス上の効果の点で有効であるかを確認することを目的として、本番化や事業化の前段階に行う検証のこと。

付加製造技術　3次元物体を制作するにあたって、刃物などで材料を削って物体をつくる除去加工と対比して、材料を接合して実現する加工技術を指す。3Dプリンタを使って3次元物体を制作することを指す場合もある。

プラットフォーム戦略　プラットフォーム・ビジネスとは「複数のグループのニーズを仲介することによってグループ間の相互作用を喚起し、その市場経済圏をつくる産業基盤型のビジネスモデル」を指す。このような、ビジネスを展開する組織をプラットフォーマー、そして、それを実現するための戦略をプラットフォーム戦略と呼ぶ。

マスカスタマイゼーション　一品一様のカスタム製品を大量生産（マスプロダクション）の生産性で実現する概念や仕組みを指す。ドイツが進めるモノづくり革新プロジェクト「インダストリー4.0」などで実現したい1つの姿として取り上げられたことから、あらためて注目されている。

リーンスタートアップ　コストをかけずに最低限の製品・サービス・機能を持った試作品を短期間でつくり、顧客の反応を的確に取得して、顧客がより満足できる製品・サービスを開発していくマネジメント手法のこと。アメリカの起業家エリック・リースが2008年に提唱した。

索引

A~Z

数字

ア

カ

サ

タ

ハ

マ

ラ

著者紹介

内山　悟志（うちやま　さとし）

株式会社アイ・ティ・アール会長／エグゼクティブ・アナリスト。大手外資系企業の情報システム部門などを経て、1989年からデータクエスト・ジャパン（現ガートナー ジャパン）でIT分野のシニア・アナリストとして国内外の主要IT企業の戦略策定に参画。1994年に情報技術研究所（現アイ・ティ・アール）を設立、代表取締役に就任し、プリンシパル・アナリストとして活動を続け、2019年2月より現職。企業のIT戦略およびデジタルトランスフォーメーションの推進のためのアドバイスやコンサルティングを提供している。10年以上主宰する企業内イノベーションリーダーの育成を目指した「内山塾」は600名以上を輩出。

近著は『デジタル時代のイノベーション戦略』（技術評論社）、ZDNet Japanにて「デジタルジャーニーの歩き方」を連載中。

装丁・本文デザイン　浜名信次(Beach)
DTP制作　株式会社造事務所
編集　株式会社造事務所、鈴木ひとみ

編集長　後藤憲司
担当編集　塩見治雄

未来IT図解　これからのDX　デジタルトランスフォーメーション

2020年 6月21日　初版第1刷発行
2021年 9月21日　初版第6刷発行

著者　内山悟志
発行人　山口康夫
発行　株式会社エムディエヌコーポレーション
〒101-0051　東京都千代田区神田神保町一丁目105番地
https://books.MdN.co.jp/
発売　株式会社インプレス
〒101-0051　東京都千代田区神田神保町一丁目105番地
印刷・製本　中央精版印刷株式会社

Printed in Japan

[カスタマーセンター]
造本には万全を期しておりますが、万一、落丁・乱丁などがございましたら、送料小社負担にてお取り替えいたします。
お手数ですが、カスタマーセンターまでご返送ください。

落丁・乱丁本などのご返送先
〒101-0051　東京都千代田区神田神保町一丁目105番地
株式会社エムディエヌコーポレーション カスタマーセンター
TEL:03-4334-2915

書店・販売店のご注文受付
株式会社インプレス　受注センター
TEL:048-449-8040／FAX:048-449-8041

内容に関するお問い合わせ先
株式会社エムディエヌコーポレーション カスタマーセンター メール窓口

info@MdN.co.jp

本書の内容に関するご質問は、Eメールのみの受付となります。メールの件名は「未来IT図解　これからのDX　質問係」とお書きください。電話やFAX、郵便でのご質問にはお答えできません。ご質問の内容によりましては、しばらくお時間をいただく場合がございます。また、本書の範囲を超えるご質問に関しましてはお答えいたしかねますので、あらかじめご了承ください。

ISBN978-4-8443-6994-3　C0034